JN410035

그 천사가
내게 왔다면

오경자 기독교수필 제2집

교음사

책머리에

나 혼자만 믿는다는 건 죄악

하나님을 믿겠다고 교회에 가고 세례를 받은 지가 40년이 넘나 보다. 그런데도 아직껏 열심히 전도해 보지 못했다. 처음 예수님을 영접하던 그 순간에 느꼈던 그 전율과 형언하기 힘든 환희를 잊을 수 없으면서도 그 열정을 전도로 꽃피워보지 못했다. 수없이 많은 사람들에게 전하기는 했지만 그들을 끝까지 전도하며 양육하는 그런 성실함을 지니지 못했다. 택시를 타면 기사에게, 어쩌다 만나서 대화가 오가던 사람에게도 슬며시 한마디씩 던지기는 해도 가까이에 있는 사람들에게 끈질긴 설득을 해보지 못했다. 자꾸 말하면 더 역효과일 수 있다는 알량한 배려가 그렇게 못한 주원인이다. 변명치고는 꽤 어설픈 변명이다.

처음 예수님을 영접하던 그 순간에 온몸을 타고 흐르는 전율 뒤에 찾아온 것이 내게 전도했던 사람들과 가까우면서 전하지 않았던 친척과 친구의 얼굴이었다. 그 순간 정말 아끼는 사람들에게 전도해야겠다는 깨달음이었건만 잘 실천하지 못하고 있다. 그런 아쉬움을 달래기 위해 기독교수필을 따로 모아 제1집을 펴낸 지가 몇 년 되었다.

직접 전하느니만 못하겠지만 글을 쓰는 사람으로서 문서선교라도 열심히 해야 할 것 같아 기회 되는 대로 쓰고 모았다. 여기 제2집을 엮어내는 것은 내 신앙이 좀 무르익어 감사를 저절로 하게 된 간증들을 모든 사람에게 전하고 싶어서이다. 믿는 사람은 공감의 폭을 넓혀 믿음이 더 성장해 주면 좋겠고 믿지 않는 사람들은 도전을 받아 내가 믿는 예수님을 한번 믿어보는 복 받기를 원하면서 이 책을 세상에 내놓는다.

부족한 글이 많고 옳게 믿지 못해서 본이 되지 못하는 부분들이 많겠지만 그 부분은 성령께서 독자의 마음에 잘 전달되도록 도와주시기를 바란다. 전하지 않으면 죄가 될 것 같아서 아까워서 속내를 아낌없이 내보이는 용단을 내렸다. 또 기독교수필 3집을 내고 하나님께 갈 수 있을지 알 수 없지만 그랬으면 좋겠다. 이 책이 만나는 독자들의 행운을 빈다.

부족한 책을 곱게 꾸며 준 교음사의 강병욱 대표와 류진 편집국장께 감사의 인사를 드린다.

2024. 6.

덕산 서재에서 숲을 바라보며 오경자

차 례

3. 나의 인생 나의 문학

4. 믿는다면서

5. 하나님의 의를 이루는 도구

6. 순종

1

누려야 제 것

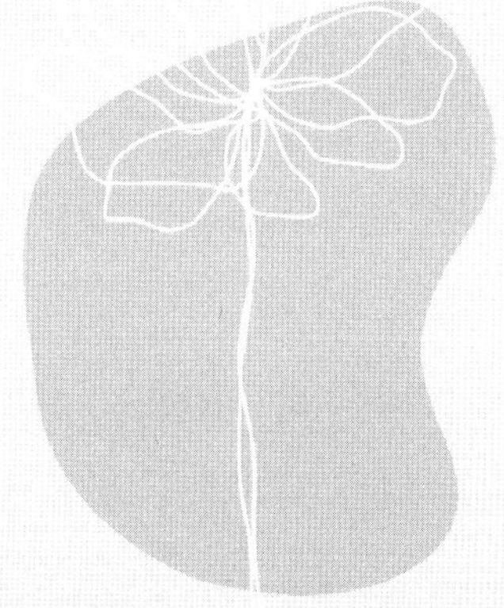

크리스마스 저녁에

아이들이 신나게 발을 구른다. 리드미컬하게 추는 탭 댄스가 절정에 달할수록 자꾸 눈시울이 뜨거워진다. 저렇게 천진하고 밝은 아이들이 부모 없는 아이들이라고 믿어지지 않아서이다. 요즘은 정확히 말하면 이런 시설에 들어와 있는 애들이 부모가 없는 것이 아니라 부모와 떨어져 있다는 것이 맞는 말이라니 더 가슴이 아프다. 오늘 더 가슴이 뜨거워지는 것은 저들을 저렇게 훌륭하게 지도해 낸 자원봉사자 선생님의 사랑 때문이다. 먼 길 마다않고 이곳까지 달려와 아이들을 지도한 세월은 자그마치 강산이 두 번 바뀌고도 남는 기간이었다.

동화 구연가이며 레크리에이션 지도자인 이 음악 선생님은 부모 없이 지내는 이 아이들을 위해 합창단을 조직해서 노래와 춤을 가르치는 일을 시작해서 동화구연은 말할 것도 없고 뮤지컬까지 섭렵하는 만능 예술단을 만들어냈다. 올해는 그 어렵다는 예술전문중학과정인 y학교에 2명씩이나 합격시켰으니 어느 부모가 그를 따라가랴 싶을 정도이다.

칠순을 넘긴 나이가 도무지 믿어지지 않는 소녀 같은 표정의 얼굴, 젊음이 넘쳐나는 몸매, 매무새, 게다가 아직도 아이들 같은 맑고 고운 톤의 목소리, 아 모두가 타고난 복이 아닌가? 아니, 하는 일이 예뻐서 받은 신의 축복이 맞을 것이다.

때맞추어 산타 할아버지를 부르는 그의 소리는 바로 그 아이들의 목소리 그대로이다. 착한 일을 많이 했으면 산타 할아버지가 오셨을 거라며 한번 불러보자던 그가 크게 불러도 산타는 오지 않는다. 너희들이 잘못을 많이 했나 보다라며 또 한 번 불러도 반응이 없다. 아무래도 산타 할아버지가 안 오셨나 보다, 너희들이 무얼 그렇게 잘못했는지 생각해 보고 다시 사정해 보자고 아이들에게 겁을 주는 그 순간 산타는 반대 방향에서 그들의 뒤로 들어오고 있다. 그는 아이들에게 노래와 춤만 가르치는 것이 아니라 세상의 스승이었다. 반전이라는 묘미를 가르치고 있는 한 대목이 아닐 수 없다.

아이들과 둘러앉아 우리도 산타와 함께 시간을 보내는 행운을 누리게 되었다. 젊은 얼굴을 감추느라 모자를 깊숙이 눌러쓰고 마치 반가면 같이 넓고 긴 수염 천(?)을 아예 복면처럼 얼굴 아래쪽에 두른 청년 산타 할아버지는 능청스러운 노인의 말투와 음성으로 연출한 대사로 아이들을 마음껏 즐겁게 이끌어 가고 있다. 착한 일과 나쁜 일을 일일이 열거하며 아이들에게 눈 감고 손들어 보라는 방법으로 진정 어린 회개를 하게 하고 선물이라는 당근을 적절하게 배분한다. 초등학생이라 저학년과 고학년의 차이가 너무 커서 6학년 아이들은 선물 받으러 나오는 모습이 사뭇 어색해 보인다. 그들에게는 산타가 동생들 잘 보살피라는 당부를 잊지 않는다.

보육 선생님은 선물 받으러 나오는 아이들의 고칠 점과 격려할 내용들을 소곤소곤 산타에게 전해 주고 그 정보를 받은 산타는 천연덕스럽게 아이들의 정곡을 찌르고 있다. 아이들은 깜짝깜짝 놀라며 산타가 진짜인가 싶은 착각에 빠지는 것 같기도 하다. 옛날이야기도 해주고 춤도 추며, 산타가 공연하는 동안 좋아하며 앉아 있는 아이들의 표정은 바로 천사의 것이었다. 이 순간만은 자신들을 버린 부모나, 여기 맡긴 부모나 그들의 머릿속에서 지워져 있는 것 같다.

크리스마스 날 저녁에 식구들의 눈총을 뒤로하고 와서 앉아 있는 이곳은 잘 운영되고 있는 시립 보육원이다. 우리 회원이 바로 자원봉사 선생님이어서 이 아이들을 찾아온 것이다. 이런 날만 잠깐씩 사람들이 찾아와서 선물이나 과자 등속을 조금 나누어 주고 간들 그들에게 무슨 큰 위로가 되겠는가마는 그래도 무심한 것보다는 나을 것 같아 봉사랍시고 걸음을 한 것이다. 저들의 마음속에 어른에 대한 불신이나 거부감 같은 것이 이런 일과성 행사로 씻어질 수야 없겠지만 이렇게라도 하지 않고는 미안하고 괴로워서 해보는 일인 것이다.

수년 전에 좀 알게 된 보육원의 교사로부터 자기반 아이의 후원자가 되어 달라는 제의를 받고 고민하다가 끝내 사양하고만 일이 있다. 후원은 돈이 아니라 시간을 내서 그 아이와 함께 지내는 내용이었다. 바로 그 점 때문에 그 부탁을 거절할 수밖에 없었다. 집에 데리고 와서 그 아이가 상처받지 않고 돌아가게 해 줄 자신이 없어서였다. 잠깐씩 집에 데리고 와서 우리 가족들과 함께 어울리는 동안 그 아이가 혹시라도 마음을 다치는 일이 일어나지 않게 할 자신이 도무지 생기지 않았다. 곰곰이 생각해 보면 그런 노력이 귀찮게 생각되어 거절한 것이 솔직한 심정인지도 모르겠다.

그때 그 교사는 아이들이 가정이라는 것을 경험해야 하는데 자신들의 부모 집에 갔다 오면 더 상처만 받고 와서 다시 가지 않으려 하기도 하고 아이가 더 엇나가게 되기도 한다고 고충을 말하며 울먹였던 기억이 난다. 부모가 이혼하느라 맡겨진 아이들, 미혼모의 아이들, 어떤 사연으로든 버려진 아이들은 전쟁고아들과는 또 다른, 더 가엾은 아이들이 아닌가 한다. 한 달에 한 번 정도 친구가 되어 달라는 부탁도 거절한 사람이 버림받은 아이들을 가엾어한다는 것도 웃기는 일일지 모르나 그 또한 진심이다. 그런 부모들을 욕할 자격도 없으련만 그들이 미운 것도 진심이다. 사정이야 다 있겠지만 부모의 무한 책임을 어떻게 해서라도 잘 가르쳐서 이런 아이들의 숫자를 줄여야 한다는 생각이 자꾸 머리를 무겁게 한다.

어느 누구의 책임만이 아니라 우리 모두의 책임이다. 죄 없는 저 아이들이 세상을 살아가는데 이런 어린 시절이 조그만 걸림돌이 되어서도 안 되는데 그런 준비가 덜 된 것 같아 또 다른 가슴이 아파온다. 저 발랄하고 티 없는 아이들이 더 이상 마음을 다치지 않고 우리 사회의 건전한 구성원이 될 수 있도록 보호하고 잘 기르는 것이 우리들의 진정한 경쟁력이다.

산타 할아버지가 내년을 기약하며 작별인사를 하고 있다. 선물을 한 아름씩 안은 아이들은 환하게 웃으며 산타를 배웅한다. 아이들의 웃음은 천진하기만 하다. 지금 이 강당 안에는 사랑밖에는 아무 것도 들어올 틈이 없다.

2009. 1.

글을 쓰는 목사님

- 그윽한 커피 향처럼

글을 쓰는 목사님, 문학단체에서 그런 목사님을 만난다는 것이 처음에는 낯설고 생소했다. 주일마다 하시는 설교들이 바로 한 편의 수필 같다는 생각을 하고 있기는 했지만 막상 글 모임의 날 박 목사님을, 하나님은 시인이시다는 내용의 말씀을 하시는 자리에서 대면했을 때 새삼 다른 각도의 존경심 같은 것이 생겼다. 목사님들은 설교 같은 글을 쓰실 것이라는 막연한 선입관 같은 것, 설교가 수필 같은 구성이기는 하지만 좀 딱딱한 내용의 글들을 쓰실 것 같다는 막연한 생각이 여지없이 깨어져 나간 날이었다.

한국크리스천문학가협회 모임에 간 어느 날, 행사 전에 드리는 예배시간에 올라오신 목사님은 레위기에 나오는 하나님께 드리는 번제의 장면을 간결하고 아름답게 풀어나가기 시작했다. '석양, 노을 비낀 하늘에 숯불이 불꽃을 피워 올리고 그 위에 번제물이 구워지면서 타오르는 연기와 불꽃을 상상해 보라, 얼마나 환상적인 한 폭의 그림인가? 하나님은 바로 시인이시다.'

더 이상 소개할 것 없이 이 장면이 얼마나 기막힌 사경적 표현인가 생각해 보면 듣고 앉은 사람의 심정을 짐작하고 남음이 있으리라 믿는다. 그날 이렇게 박종구 시인 목사님을 만나는 행운을 얻었다. 평소 성경통독 때 참 지루하고 딱딱한 부분이지만 읽고 지나가야 하니까 거의 의무적으로 읽어 나갔던 레위기가 이렇게 아름답고 환상적으로 다가올 수도 있다는 발견은 실로 경이로운 체험이었다. 박 목사님 덕택에 레위기를 은혜롭게 읽을 수 있어 얼마나 기뻤는지 모른다.

그 후로 박 목사님을 만나면 괜히 입이 헤벌쭉 벌어지며 혼자 실실 웃곤 했다. 박 목사님이야 여러 사람 중 하나인 어느 아낙이 그러고 다니는 줄 알 수 없었겠지만 그런 멋쟁이 목사님과 함께 모일 수 있다는 것만으로도 좋아서 열심히 모임에 나가게 되었다. 오시면 반갑고 안 오시면 섭섭했다.

평생 동안 월간 목회를 만들고 섬기면서 문서선교의 최 일선에서 헌신하시는 박 목사님에 대해 점점 알아가게 되면서 따뜻한 성품과 섬세한 배려를 읽게 되었다. 유머가 넘치는 화법과 온유한 미소는 많은 사람들을 편안하게 만드는 힘을 가지고 있어 박 목사님의 큰 매력 중 하나이다.

동시를 쓰셔서 그런가보다는 생각을 해 보기도 하지만 역시 하나님의 온유를 실천하면서 몸에 배게 하는 수준까지 끌어올린 신앙생활의 열매가 아닌가 싶다. 박 목사님의 넓고 깊은 시 세계의 연원은 진정 전능하신 창조주이신 하나님의 품이 아니겠는가? 좋은 시로 수많은 사람들을 하나님께 안내하셨을 것이고 월간 목회를 섬기시면서 다양한 출판으로 문서선교의 첨병이기를 마다않고 봉사하신 일생의 헌신을 하나님께서는 형통케 하심으로 응답하셨다.

한국크리스천문학가협회를 소리 없이 뒤에서 도와 든든히 서가게 하신 공로 또한 하나님께서 기뻐하실 일이 아니겠는가? 그 섬기시는 모습이 존경스러워 이제 좀 짐을 지고 가 줘야 되지 않겠느냐는 권유를 마다할 수 없어 회장의 자리를 덥석 받아 안고 힘겨워하는 약한 종을 위해 후원해 줄 교회를 소개해 주시고 여러모로 도움을 주시는 사랑은 따뜻하다.

월간 『목회』에 글 한 점 얹고 싶어 하는 소망을 알아차리시고 귀한 지면을 할애해 주셔서 며느리에게 아부(?)하는 「사랑하는 며느리에게」를 가정의 달 특집에 게재할 수 있게 되어 부족한 시어미의 지경을 넓혀 주시기도 했다.

커피 사랑이 남다른 전문가 박종구 목사님, 심사위원회에 오시는 날 위원 각자에게 한 봉지씩의 커피를 들고 오시는 자상하고 멋진 목사님, 그 커피 맛은 사랑 양념 덕인지 유난히 입안을 향기로 채웠다. 혈관 청소부 커피를 멀리하지 말고 오래도록 함께 살면서 일 많이 하자는 덕담은 가슴 따뜻하게 하는 감동으로 다가오기도 했다. 그윽한 커피 향 같은 멋쟁이 목사님, 박종구 목사님, '존경합니다, 정말 멋지십니다.'

박 목사님이 더욱 왕성한 일을 할 수 있도록 지켜주실 하나님께 모든 영광을 돌려 드리면서 박종구 목사님의 문서선교 헌신이 마음껏 칭송받기를 원한다. 주님의 은총 가운데 건강하셔서 더 많은 하늘의 일을 하시기 바라는 마음 간절하다. 그 곁에 오래 함께할 수 있도록 허락해 주시는 하나님의 사랑이 내게도 임하시기 바라면서.

2017. 4. 18.

종교개혁은 현재 진행형

종교개혁 500주년 기념해인 올해도 어느새 절반이 훽 지나갔다.

나라가 워낙 회오리치는 상황을 겪어내느라 정신없이 지나갔다고는 하지만 우리 기독인들이 이 대단한 500주년을 너무 조용히 지나 보내고 있는 것 아닌가 하는 의구심이 든다. 지금 바로 우리 교계가 그때 못지않은 개혁의 화두들을 내포하고 있는 것 아니냐는 눈 흘김 때문에 애써 외면(?)하고 있는 것은 아닌지 모르겠다.

교회라는 곳이 원래 교인들 각자의 의지나 생각으로 움직여지는 곳이 아니다 보니 크게 분위기를 좌우하는 프로그램 같은 것은 교인 각자가 어찌할 수 없는 일이라 하더라도 우리 한 사람 한 사람이 할 수 있는 일이라도 제대로 하고 있는지 돌아볼 일이다.

반 천 년 전 루터의 신념에 찬 항거가 오늘 우리에게 하고 있는 권면이나 의지는 과연 무엇일까? 오직 믿음으로만 구원받는 것이지 면죄부 따위가 대신할 수 없다는 주장은 그때의 일갈로 끝난 것일까?

현대인의 마음속에 또 다른 면죄부가 500년 전보다 더 무서운 독버섯으로 마음 가득 재워져 있는 것은 아닌지 조용히 가슴에 대고 물어본다. 무의식에 가깝게 자리 잡은 나름의 선행이 하나님 나라에 들어갈 수 있는 입장권일 수 있을 것 같은 착각, 분명히 내 속에는 있다. 주일 성수를 잘하고 안심하는 것, 헌금을 잘 하고 회심의 미소를 짓는 것, 교회에 가서 잘 양보하고 성도들을 돌보는 일을 마음을 다해서 하고 난 후 자신의 머리를 쓰다듬는 것, 등등 다 좋은 일이고 당연히 해야 할 일이다. 물론 하나님께서 얼마나 기뻐하실 일인가? 분명 하나님 나라에 들어갈 자격구비 조건의 하나들임에 틀림이 없다.

하지만 교회를 돌아서 나오기만 하면 딴 사람이라도 된 듯이 이기적이고 세상을 좇아 열심을 내느라 이웃을 돌아보기는커녕 내 앞에 걸리적거리는 것은 힘만 되면 치워버리고 가슴을 쓸어내리며 아아 잘 됐다는 경우는 없었나? 이렇게 돌아볼 겨를조차 없거나 의식조차 없는 내가 되었던 적은 없는가? 아니라는 대답을 할 자신이 없어 슬프다.

지난 수개월 동안 우리는 말로 다 형언하기 힘든 날들을 보냈다. 그 터널을 통과해 나오는 동안 예수님을 믿는다는 사람답게 의연했는지 자문해 보자. 그런 후 회개할 일이 생각나면 지금 바로 회개부터 하고 생활을 새롭게 시작하는 일이 종교개혁 500주년 기념해를 잘 보내는 진정한 하나님 나라 백성이 되는 첩경임을 깨달았으면 좋겠다. 나 자신에게 던지는 경고이다.

루터의 정신을 퇴색시키지 않고 살려 나가는 일은 교회가 어떤 거창한 일을 해내는 것만이 아니라 교인 한 사람 한 사람이 자신을 돌아보고 바른 제자의 삶을 살아가려 애쓰는 일이 예수님께서 진정으로 기뻐하실 일이 아닐까? 우리 크리스천 문인들은 나 하나가 아니라 우리들의 글로 수많은 사람에게 영향을 끼치는 문서선교의 첨병들이다. 과연 그 역할에 충실했는가? 혹시 게으르지 않았는가? 만에 하나 자신의 글이 독자에게 진솔하게 다가가지 못하도록 내 방심이 자신을 왜곡되게 보인 면은 없는지 두려운 마음으로 돌아보게 한다.

이제 우여곡절 끝에 새롭게 정부가 섰다. 모든 일은 오직 하나님 뜻에 따라 이루어지리라는 확신을 갖고 내 할 일을 더 열심히 하는 것으로 크리스천의 모범을 보이면 좋겠다. 우리 크리스천 문인들은 문서선교의 사명을 더 잘 감당하기 위해 간절히 기도하며 쓰고 또 쓸 일이다. 옳지 못한 것을 보고 그것이 하나님 질서에 위배된다는 확신이 서는 일이면 어느 경우라도 소신껏 쓸 수 있는 서슬 퍼런 글을 써야 한다. 세상과 인기에 영합하는 글만을 탐닉한다면 자신도 망하고 나라도 망친다. 궁극적으로는 하나님 나라의 확장에도 걸림돌이 되고 만다.

영욕의 부침을 보면서, 아직도 결말을 알 수 없는 일들 속에 있지만 오직 믿음으로만 구원 받을 수 있다는 루터의 외침이 섬뜩하게 느껴짐은 선뜻 돌을 들 만큼 깨끗하지만은 못한 것 같은 나 자신의 몰골 때문이다. 남의 눈 속 티 대신 내 눈의 들보를 먼저 보는 혜안을 열어 주시라고 기도하는 심정으로 오늘 또 이 책을 펴낸다.

2017. 6. 9.

초콜릿 권사님의 때

별명은 그 사람의 특성을 간단히 전하는 경우가 많다. 외모나 특별한 행동이 별명이 되는 예가 많은데 긍정적인 예보다 부정적인 예가 좀 많은 편이다. 나는 사람들의 별명을 잘 지어주기도 하고 이름을 모를 때 그분의 이미지로 내 마음속에 별명을 지어 그분을 기억해 두곤 한다. 우리 교회의 초콜릿 권사님이 그런 예 중의 한 분이다. 예배가 끝나고 친교실에 가면 가운데 첫 테이블에 노 권사님들이 둥글게 둘러앉아 계신다. 고희를 넘긴 교회를 묵묵히 기도로 지켜오신 어른들이시다. 친교실은 누가 자리를 지정한 것도 아니건만 자연스레 끼리끼리 둘러앉아 거의 지정석이 마련된 분위기다. 가장 원로들이 모이신 이 테이블은 풍성한 간식의 제공처로 자리매김된 지 오래다.

원산 루시여고 출신인 김 권사님의 초콜릿 봉투가 공신 1호이다. 김 권사님은 자신의 모교 원산 루시의 선후배와 동기들이 여럿 함께 교회 생활할 때를 그리워하며 먼저 가신 분들의 추억에 젖곤 했다. 그 어른은 아마 토요일이면 저 초콜릿을 사러 남대문 시장에 다녀오시는 것 아닌가 싶을 정도로 풍성히 봉투를 여럿 가져오셔서는 남녀 할 것 없이 어른들께 고루 나누시며 즐거워하신다. 아직 그 반열에 들지 않은 내게도 초콜릿을 쥐여 주셔서 당황했을 때 하시는 말씀이 인상적이다. '당신은 얼마 안 됐으나 우리보다 훨씬 큰일을 많이 했으니 이거 받을 자격 충분해 어서 받아.' 만세반석교회 신문 봉사를 이르는 말씀이다. 제대로 못한 것이 부끄러워 손사래를 치고 도망치다시피 자리를 뜨곤 했다.

초콜릿은 살이 찐다는 이유로 금기 식품 목록 1호라고 하니까 '당신은 지금 그 모습이 좋아 마르면 미워.'라시며 굳이 한 주먹 쥐여 주시는 그런 어른이다. 나누는 기쁨이 저런 것이구나, 네가 어느 소자에게 한 것이 내게 한 것이라고 하셨던 주님의 말씀을 떠올리게 하던 초콜릿 권사님, 물론 나 혼자 붙이고 마음속으로만 불러보던 그분의 별명이다. 가졌다고 다 잘 베푸는 것이 아님을 우리는 잘 알고 있다. 저렇게 베풀 마음을 허락 받은 것 또한 저 어른의 복이라는 생각이 들어 부러웠다. 항상 밝게 웃으시며 등을 다독이시는 그 권사님의 인자하심이 바로 예수님의 손길이 아닐까 싶은 생각이 퍼뜩 머리를 스칠 때가 있었다.

친교실 한구석이 훈훈해지는 분위기 메이커 김 권사님이 안 보이신다. '어디 가셨나'라고 생각했다가 여러 주일 안 보이시니 걱정스러워 권사님들께 여쭈어보니 편찮으시다는 것 아닌가? 그렇구나, 할 수 있는 때가 그렇게 많은 것도 아니고 영원한 것도 아니구나. 할 수 있을 때 놓치지 않고 마음껏 하신 김 권사님이 존경스러웠다. 그 테이블 앞이 왠지 허진하게 느껴지는 것은 그 근원이 무엇일까? 초콜릿을 못 먹어서 입이 심심해서일까? 그것만은 아닌 것 같다. 어쩌면 그 대를 잇는 초콜릿 권사의 출현이 없어 서운한 것이 정답일지 모른다. 그러면 네가 하면 될 것 아니냐는 질책이 밀고 올라온다. 그래 저도 못하면서 지금 누구를 원망하고 있느냐는 꾸짖음이 뒤를 밀고 올라온다. 그래 내게는 그럴 여력이 없다고 변명하지만 사실 마음이 있으면 못할 것도 없지 않느냐는 소리가 속을 쥐어지르고 있다. 그래, 솔직히 말해 마음이 없는 것이다. 주머니가 가벼운 것보다 그럴 필요가 뭐 있겠느냐는 인색함이 더 앞서기 때문임을 누구보다 잘 알고 있는 것은 내 양심이다.

매사에 때가 있다는 전도서의 말씀이 고개를 들고 깨운다. 그래 내게도 때가 있지, 아무 때나 무슨 일을 할 수 있는 것은 아니다. 더 여유가 생겨야 할 수 있다고 생각하는 한 영원히 그때는 오지 않을지 모른다. 그 어른께 받아먹은 초콜릿 빚은 이제 다른 분들께 바로 내가 베풀어 갚으면 되는 것이다. 왜 이어받는 사람이 없을까 궁금할 이유가 없다. 바로 나 자신이 하든지, 못하면 그만이다. 공연히 엉뚱한 사람을 적임자로 꼽아보면서 기대 반 질책 반의 죄까지 지을 것은 없지 않겠나?

초콜릿 권사님, 요양원에 계시다는데 회복되셔서 다시 교회 친교실에서 뵙게 되기만 바라고 기도한다. 설마 그때도 초콜릿 사 오기를 머뭇거리는 인색한 손길이 아니기를 기도하며 자신의 가슴을 내려다본다.

2016. 10. 28.

미래를 안다면

한 치 앞도 모른다는 말을 아주 쉽게, 별일 아닌 듯이 입줄에 올리고 산다. 그러면서도 늘 그것이 궁금하고 알고 싶어진다. 그런 인간 심리 때문에 복술가들이 입에 풀칠을 하고 사는 것 아니겠는가? 우리네는 점쟁이라 부르고 좀 유식해 보이게 역학자라 하기도 하지만 그게 그것이다. 서양 사람들은 점성가라고 하면서 여전히 그런 것들에 귀가 솔깃해진다. 미신이라는 이름으로 우리네 민속을 초토화 시킨 일본인들이 그들 나라의 신사라는 성스러운 곳 마당의 나무에 꽃이 만발한 것처럼 가득 매달아 놓은 쪽지들을 보면 기가 찬다.

정말 미래를 알면 좋을까? 당신은 앞으로 10년을 더 살 수 있다고 한다면 그건 좀 나을지 모르는 일이지만 다음 달 며칠에 당신은 죽는다고 하면 그 사람이 현명하게 주변을 정리하고 알게 돼서 고맙다고 하면서 행복해할 수 있을까? 서양에서는 환자 본인에게 예측 가능한 여생을 알려주고 죽음에 대비한 준비를 시킨다는데 우리는 아직 환자가 받을 충격이 걱정돼서 가족들만 알고 속을 끓이면서 쉬쉬하고 지내는 게 통례다.

어떤 방법이 더 인간적이고 좋은 것일까 설왕설래하다가도 대부분 결론이 나지 않는 데다가 환자가 육감적으로 자신의 마지막 때가 가까웠음을 감지한 듯한 낌새만 보여도 가족들은 반대의 상황을 얘기하면서 마음이 약해져서 쓸데없는 생각이 드는 것이니 굳게 마음 고쳐먹어야 건강에 좋다는 방패 막을 치는 게 우리 현실이다.

건강검진이라는 것을 하면서 미리 몸의 어느 구석에 변고가 일어나고 있음을 일찍 알아내서 싹을 잘라버림으로써 우리 평균수명을 날마다 늘려가고 있음은 축하할 일이지만 매양 다 그런 것은 아니라는 생각이 든다. 건강검진만 전문으로 하는 곳에서 검진을 했는데 정밀 검사를 할 부분이 있다는 연락이 왔다. 혈관이 일부 약간 부푼 부분이 있으니 전문 병원에 가서 정밀 검사를 받아 보라는 진단이었다. 서둘러 유명의를 찾아 예약을 하고 기다리는 동안 인터넷에 검색을 해 보니 겁나는 말만 쓰여 있다. 정밀검사 예약일을 기다리는 동안 금세 그 혈관 부위가 터져서 죽을 것 같은 불안감이 엄습해 오면 평정심을 유지하기 힘들었다.

하나님이 어차피 명령하셔야 사는 것이니 알았거나 몰랐거나 마찬가지 아냐, 괜히 건강검진을 받아가지고 지레 걱정을 만들어 낸 것 같아 후회스럽기도 했다. 미래를 미리 알아서 결코 행복하지 않다는 사실을 실감하면서 더위와 싸웠다. 전문의 앞에 앉으니 더 정밀하게 들여다볼 방법의 검사를 해 놓고 가서 1주일 후에 오라며 몇 가지 주의사항만 일러주는데 평소 내 생활 태도대로 살면 되는 것들이어서 가벼운 마음으로 병원 문을 나섰다.

하나님 미리 알게 해주셔서 감사합니다, 하고 나면 뒤미처 따라오는 생각은 아아 이렇게 끝나는 것인가? 하는 생각이 들면서 심사가 야릇해졌다. 그래도 이상할 정도로 담담했다. 어차피 많은 사람들이 모르고 살다가 갈 것을 공연히 들쑤셔서 미리 안 것뿐이니 걱정할 것 없어, 내일모레가 여든인데 무에 그리 아쉬울 게 있다고? 그래 맞는 말이다. 그런데 왜 이렇게 마음이 심란한 걸까? 삶에 대한 집착과 욕망임을 확인하면서 쓴웃음도 나오고 헛웃음도 나왔다. 그래 모르고 살다 가는 것이 좋은 것이구나.

예수 믿기 잘했지, 이럴 때 안 믿었더라면 어떻게 살 뻔했어, 할 때가 한두 번이 아니었지만 예수님 아니었으면 추태깨나 부리고 말았을 1주일이었다. 계속 기도는 한 가지였다. 검사 결과 보러 간 날 의사가 문제가 있긴 하지만 그냥 이대로 지니고 있어도 괜찮을 수도 있고 위험할 수도 있으나 지금 당장 무슨 문제를 일으킬 그런 단계는 아니다, 수술이나 시술을 할 수도 있지만 위험을 동반하기도 해서 그럴 필요는 없으니 2년 후에 더 악화되는지 여부를 지켜볼 테니 건강관리를 잘 하고 지내란다. 세상에 1주일 내내 하나님께 이런 소리를 듣고 올 수 있게 해주시라고 얼마나 기도했던가? 마치 내 기도문을 그대로 베껴서 읽어 내려가고 있는 듯한 의사의 말을 들으면서 외마디 소리를 지를 뻔했다.

지난 1주일 동안 하나님께 드리고 또 드린 기도가 바로 그것이었다. 마치 그 기도문을 베껴서 줄줄 읽어 내려가고 있는 착각에 빠질 정도로 의사는 침착하게 주의사항까지 말을 마쳤다. 2년을 지켜보자면 그 안에는 큰일이 없을 거라는 말 아니겠는가. 그만하면 됐지, 내일모레면 여든인데 뭐 그리 목숨에 연연할 것까지는 없지 않은가.

하나님은 우리를 사랑하셔서 한 치 앞을 내다보지 못하고 살아가도록 해 주셨건만 인간이 기술이니 뭐니 해 가면서 오만 군데를 후비고 쑤셔서 지레 걱정을 만들어 살고 있는 것이다. 겉으로는 멀쩡해 보였지만 내심 천국과 지옥을 오르내리며 지낸 1주일간의 교훈은 대단히 값진 것이었다. 아주 초연한 척하지만, 사실은 2년 후에 또 지금 같은 상태로 악화되지 않으리라는 막연한 기대감이 전신에 흐르고 있어서 이렇게 당당할 수 있다는 것도 안다. 그 여부도 하나님 몫이지 내가 할 수 있는 것은 아무것도 없다. 아무려나 어차피 살날이 얼마 남지 않은 것을 깨우침 받았으니 주변을 정리하는 일은 착실히 진행할 일이다.

하나님 평정심을 허락해 주셔서 고맙습니다. 아무 공로도 없는 제게 성령님을 동행시켜주셔서 정말 감사합니다. 미래를 확실히 알지 못하도록 해 주셔서 더욱 고맙습니다. 아멘!

2018. 7. 26.

누려야 제 것

세상에 태어나는 순간부터 주어진 여건을 누리기 시작하는 것이 인생이다. 잘 누리고 아니고는 자신의 선택이다. 어릴 때야 자신의 의지로 결정할 수 없으니 부모를 어떻게 만나느냐에 따라 그 정도가 결정된다고 할 수 있다. 긍정적인 사람은 자신의 것을 감사하며 아끼고 보존하며 오래 누린다. 멀리 갈 것 없이 근검과 절약이 그 좋은 예가 될 것이다. 더운 날 찬물 한 병씩을 받았는데 아껴서 마시고 한 방울도 허실하지 않은 사람은 목적지에 거의 다 가서 지쳤을 때 조금 남은 물을 생명수처럼 마시고 기력을 회복할 수 있을 것이다. 덥다고 물을 머리에 뿌리고 손수건에 적셔가며 낭비한 사람은 그 한 모금 물을 마시는 친구가 얼마나 부럽겠는가?

아낄 수 있는 것은 그 물건에 대한 애착과 감사가 있을 때 뒤따르는 행동이라고 본다. 있을 때 아끼라는 교훈을 몰라서 못 지키는 사람은 아무도 없다. 다만 무신경하게 지나쳐 버리는 타성이라는 요물 때문에 만사를 그르치고 만다. 언제부터인가 예수 믿기를 참 잘했다는 생각이 들기 시작했다. 나도 모르게 안 좋은 상황에서 밀고 올라온 감사의 마음에서 그 깨달음은 시작되었다.

작년 여름 갑자기 어지럼증이 왔는데 왜 이래, 재수 없이 어지럼증이라니라는 생각보다는 걸을 수 있고 몸속 어디의 원인 모를 병이 아니게만 해주시라는 바람과 함께 이만큼의 증세로 너도 늙었으니 몸 좀 작작 부려먹고 아끼라고 일러주셔서 고맙다는 기도가 절로 쏟아져서 놀랐다. 나이가 들어가면서 몇 해 전부터 자연스레 감사가 절로 나와 그 자체에 감사드리곤 했는데 작년 여름 어지럼증 사건은 큰 축복의 시작이었다. 10달 반의 투병 기간 내내 끊이지 않는 감사 덕에 행복하게 지낼 수 있었다. 짜증스럽거나 불안한 생각보다는 이런 방법으로 이렇게 가벼운 것으로 분수를 알게 하셔서 몸조심하게 하시니 감사하다는 기도만 드리고 지냈다.

그런 와중에 오래 안 팔리던 집이 팔렸다. 말도 안 되는 값에 팔게 됐는데 그것도 감사, 보름 만에 집을 비워야 한다는 조건이어서 갈 집을 못 구하고도 감사했다. 살던 집보다 좁은 집으로 이사를 하게 되어 짐을 절반 이상 버리게 됐는데도 오랜 숙제 하게 하시니 감사하다는 마음으로 즐겁게 버렸다. 아직도 버릴 짐이 절반이라는 게 딸아이의 주장이지만 내 능력으로는 더는 줄일 수 없어 끼고 앉아 있다. 그전 같으면 저게 잔소리도 심하게 한다면서 마음이 불편했을 텐데 그래 네 말이 맞다, 내가 틀렸어, 그런데 어쩔 수 없구나, 내가 사는 동안은 이 정도는 참으려무나 하고 혼잣말만 되풀이하면서 그래그래 하고 넘어간다.

잃은 후에야 안다지만 진즉 이렇게 매사에 감사할 줄 알았더라면 삶이 얼마나 행복했을까 싶은 생각이 드니 지난 세월이 아깝기 그지없다. 남편이 큰 손해 보는 일을 당했을 때 지금 같았으면 사람 성한 것만 다행이지, 하며 감사했을 것 같은데 그때는 지구가 망한 것처럼 싸웠다. 어차피 당한 손해가 메워지는 것도 아닌데 불같이 덤비며 얼마 동안 행복을 놓쳐가며 살았다. 두 가지 손해를 봤으니 얼마나 바보짓인가 말이다.

요즘 같은 마음으로라면 수심 속에 보냈던 많은 시간들을 빛나고 찬란하게 살아냈을 걸 후회막급이다. 이제 그 아까운 시간들은 멀리 달아나 버린 지 오래다. 더 안타까운 것은 지금 같으면 이해해 줄 일이 한두 가지가 아닌데 그 당사자가 세상에서 사라지고 없어졌다는 사실이 기가 막힐 뿐이다. 이 또한 떠나보내고 반 10년쯤 살고 난 후에야 편한 곳에 잘 간 사람을 왜 안타까워하랴, 그동안 함께 하게 허락하신 데 대해 감사하자는 위로로 바뀌기 시작했다.

망설이던 문상을 다녀오던 중에 길에서 어이없이 넘어졌다. 믿지 않을 때 같으면 상갓집에 잘못 갔다가 동티가 났나 보다, 재수 없다 할 텐데, 어머나 안 부러지게 해 주셔서 고맙습니다며 히죽거리고 일어났다. 그대로 걸어서 크리스천 문학가협회 임원회에 참석한 날 이야기다. 5달이 돼 가는데 아직도 팔꿈치가 뻐근하고 불편해서 물리치료 중이지만 이만한 게 어디냐며 감사한 마음뿐이다.

이렇게 감사바보로 살다 가게 해 주셨으면 좋겠다. 세상만사 생각하기 나름인데 기쁘다고 생각하면 기쁘고, 처량하다 생각하면 처량한 게 어디 한두 가지 일이랴. 행복과 불행은 제일 가까운 이웃이다. 고개 한 번 돌리면 행복이 기다리고 있다. 행복하게 살고 싶다. 반려도 잃고 건강도 예전 같지 않게 많이 잃었지만 없어진 부분보다 아직 남은 것들이 더 소중하고 귀하게 여겨지니 이 또한 주님의 은혜가 아니고 무엇이랴. 내게 천금이 있어도 누리지 못하면 소용없고 작은 것을 갖고 있더라도 누리면 그만큼만 내 것이다. 부자로 살고 싶다. 어려서부터 많이 누리고 살게 해 주신 것에 감사하며 앞으로도 마음껏 누리다 가고 싶다. 그 열쇠는 감사이니 꼭 쥐고 놓치지 않으리라.

2019. 7. 28.

성도의 교제

교회가 너무 커서 재미가 없다는 말을 듣고 이상했던 기억이 난다. 교회를 무슨 재미로 다니나, 예배드리고 예수님 만나고 오면 되는 것이지 사람들끼리의 교제는 세상살이에서 많이 하는 일이 아니던가? 제일 신경 쓰이는 일이 인간관계인데 교회에 가서까지 성도의 교제라는 명목으로 신경을 쓰고 와야 하나? 하는 것이 솔직한 심경이고 의문이었다. 모태신앙이 아닌지라 교회 생활을 잘 모르고 그 문화 또한 전혀 모르는 데서 온, 그야말로 무지의 소치였다.

교회에 가기 시작한 초기에는 예배만 드리고 집으로 오기 바빴는데 세월이 흐르다 보니 서로 인사하는 사람도 많아지고 자연스레 친해지는 사람들도 늘어갔다 구역예배를 통해 깊이 은혜를 나누고 서로의 기도제목을 통해 아픔과 필요를 알고 기도로 함께 나누게 되면서 성도의 교제가 이런 것이구나 하고 깨달아 가게 되었다.

집안일이나 급한 용무로 교회 출석이 어려울 때 가까운 동네 교회에 가서 예배드리다가 아주 작은 교회에서 점심을 국수로 함께 나누는데 큰 교회 식당에서 단체급식처럼 먹는 점심 한 끼 하고는 차원이 다른 진한 정을 나누게 되는 경험을 하게 되었다. 지금은 그 교회가 이사를 가고 나도 이사를 했지만 그 교회의 인상이 깊이 남아 있다. 함께 나누는 국수 가락에 삶이 한데 엉겨 있는 것 같은 따뜻함을 느꼈던 기억이다.

식구가 적으니 어쩌다 저녁 예배 때나 나가고 새벽기도나 가끔 나가도 전 교인들의 얼굴을 다 아니, 서로 마음 통하는 중보기도도 가능했는데 교회 식구가 많으니 아는 사람끼리만 알고 전체는 알 생각도 아예 못하는 실정이다. 그제서야 교회가 커서 재미가 없다던 그분의 말이 이해되기 시작했다.

그러던 중에 우연히 중국어 예배부에 출석하게 되었다. 예배를 드리고 애찬을 함께 나누면서 자연스레 이루어지는 성도의 교제가 얼마나 은혜로운지 작은 교회의 재미가 이런 것이겠구나 하면서 고개를 주억거리곤 한다. 20명 안팎의 식구이다 보니 서로의 기도제목과 속내를 거의 공유할 수 있어 은혜가 배가 되는 것 같다. 아주 작은 일도 스스럼없이 기도 부탁드릴 수 있고 다른 사람을 위한 중보기도도 쉽게 드려져서 감사하게 된다. 그러면서 나도 모르게 은혜 가운데 기쁨을 누리게 됨을 발견하곤 한다.

왜 사도신경에서 거룩한 공교회와 성도의 교제를 거론하고 있는지 가슴으로 이해하게 되어 기쁘다. 많은 것을 배우고 은혜 받게 한 중국어 예배부가 어서 많은 중국인들이 찾아와서 자리를 채워주기 바란다. 그리고 저 넓은 대륙 중국이 종교에 있어 동토의 땅이 아닌 복음의 옥토가 되도록 중국 선교에 더 많은 일을 하는 중국어 예배부가 되는 일에 신명을 바쳐야 할 텐데 힘이 없어 걱정이다.

그전 같으면 집에 오기 바쁠 시간인 오후 1시 반에 시작하는 중국어 예배부의 시간에 맞추어 교회 생활 일정을 조정하는 일이 조금도 귀찮지 않고 즐거운 일이니 그렇게 역사하신 하나님께 감사드린다. 은혜를 받았으니 열심히 나누어야 한다. 그 방법 또한 주님께서 인도하실 것이니 기도만 하면 된다. 큰 교회 속에서 재미를 느끼게 해준 중국어 예배부에 감사드린다.

2029. 10.

감사

"좋은 일이 생겼을 때 감사하는 거야 누군들 못합니까? 남이 볼 때 울어도 시원치 않은 상황에서 감사할 줄 아는 것이 기독교인의 자세입니다."

어느 날의 설교 말씀 중 일부이다. 갸우뚱하면서도 옳은 말씀이라는 생각이 들면서 숙연한 마음으로 경청하며 은혜 받았던 기억이 난다. 그날은 맞기는 한데 과연 그럴 수 있을까? 싶어 갸웃갸웃하며 가슴에 손을 얹고 물었다. 그럴 수 있겠느냐고. 그 정도의 경지에 이르기 어려울 것 같아 남의 일이겠거니 하며 곧 일상으로 돌아와서 별로 깊이 생각하지 않았다. 그렇게 해 보려는 노력도 별로 하지 않았던 게 솔직한 고백이다. 어차피 실천하기엔 거리가 먼 일인 것 같아서였다. 그저 이 정도 믿음이라도 계속 유지하게 해 주시옵소서가 고작 하는 기도였다. 자신과 가족을 위한 기도는 누가 못 하느냐, 타인을 위한 중보기도에 힘써야 하다는 권면도 역시 같은 수준에서 받아들이고 별로 고민하지 않았다. 그 일이 잘 안되는 것에 대해서도.

연전에 무더위가 극심하던 여름에 어지럼증으로 죽을 고생을 했다. 밥을 못 먹고 체중이 10킬로나 줄고 원인은 모른다 하고, 이러다가 죽을 수도 있겠구나 하는 생각이 들 정도로 아팠다. 3달여를 대책 없이 앓다가 다행히 원인을 콕 집어낸 명의를 만나 10달 반의 투병 끝에 털고 일어났다. 속절없이 누워 있는 동안에 나도 모르게 내가 아는 온 세상 사람들을 위해 기도하고 있는 자신을 발견하고 스스로 놀랐다.

날씨가 너무 더워서 노인들이 온도 적응에 몸이 감당을 못해 어지러운 것이니 안정하는 수밖에 없다는 것이 의사의 진단이었고 안정제와 소화제 수준의 약밖에 처방해 주지 않는 것 같았다. 살인적인 더위에 에어컨도 못 켜고 무작정 이불을 뒤집어쓰고 누워 있으려니 자연스레 입술을 밀고 올라오는 것이 기도였다.

그동안 잘 살게 해 주셔서 고맙고 건강하게 해 주셔서, 좋은 부모 밑에 태어나게 해 주셔서, 마음껏 공부하게 해 주셔서 등 해도 해도 감사할 일이 끊이지 않고 밀고 올라왔다. 그중에도 예수님이 부르시고 택해 주셔서 구원받게 해 주신 은혜는 목이 메도록 고마웠다. 어릴 적 친구에서부터 가족은 말할 것도 없고 친척 친구 아는 사람 모두, 이웃 사람들에 이르기까지 줄줄이 떠오르며 그들에게 감사했다. 그리고는 이런 좋은 사람들을 만나게 해주셔서 고맙다고 기도했다. 그러다가 그들의 형통을 위해 기도했다. 급기야는 몹쓸 병에 붙들리지 않고 이런 정도의 병고만 주셔서 고맙다고 중얼거리게 되었다. 그 순간 아아, 이거였구나 하면서 목사님의 감사의 태도에 대한 말씀이 떠올랐다. 그리고는 연달아 기도했다. 저도 그 반열에 들게 해 주셔서 감사하다고.

7월 30일에 어지럽기 시작한 것이 이듬해 1월 18일에서야 '이제 나았으니 병원에 안 와도 된다.'는 진단을 받았다. 그날 평생 모은 수필집과 책들 3,500여 권을 대구의 수필문학관에 보냈다. 우연히 좋은 일이 겹친 것이다. 보존될 수 있어 좋을뿐더러 책 정리의 큰 부분을 끝냈으니 이사할 때 큰 짐 하나를 덜었다. 그런 일들에 감사하고 있는데 1주일 후, 1월 25일에는 몇 년째 안 팔리던 집이 팔렸다. 집 팔리기를 위한 기도는 10년째 했지만, 집중 기도를 하고 선교회장 권사님에게 합심 기도를 부탁한 지 반년쯤 되었을 때였다. 보름 안에 이사 들어와야 한다는 어려운 조건이었지만 10년을 안 팔리던 집인지라 무작정 팔고 보자는 배짱으로 계약서를 썼다. 막상 집을 구하려니 예상보다 훨씬 힘들었다. 빈집이 없는 것이다. 그래도 아는 부동산 사장이 새 아파트를 한 채 갖고 있어서 쉽게 해결되었다. 그런 어려운 상황을 겪으면서 오로지 하나님께서 선하게 인도하실 것이라는 확신이 있어 전혀 걱정하지 않았다. 감사는 기본이 된 지 오래고 이렇게 힘든 상황을 겪게 하심으로 기도하게 하시니 얼마나 감사한지 모를 일이었다.

교통 좋고 여러 가지 여건이 좋은 곳의 새 아파트, 지나면서 저기 살고 싶은데 집값이 턱없이 부족해서 엄두가 안 나니 그림의 떡이라고 생각했던 바로 그 집으로 얼결에 이사하게 되었다. 70이 넘으면서부터 자연스럽게 감사기도가 시작됐지만, 어지럼증과 이번 이사 건을 겪으면서 정말 하나님은 모든 것을 예비하시고 머리털 하나까지 세고 계심을 실감할 수 있었다. 고역이긴 하지만 견딜만

한 병고를 통해 감사가 체질화되도록 단련하시고 그 기반 위에 새 집을 허락해 주신 것이다. 활동이 많은데 노년에 교통편이라도 편리한 곳에 살게 해 주신 배려는 기막힌 사랑이 아니고 무엇이랴.

젊은 날 시골 노파가 시커먼 소쿠리에 고구마 서너 개를 놓고 감사하다고 절절히 기도한 후 먹는 걸 보면서 저 까짓것을 놓고 뭐 저렇게 감사하다고 하나, 허연 쌀밥 한 그릇이었더라면 한나절이나 기도하겠네, 하면서 약간 비웃었는데 자신이 50이 넘어서야 그 심정을 알게 됐다던 옥이 어머니의 간증이 떠오른다. 그 말을 하시면서 내게 간절히 예수님을 소개하던 그 어른의 나지막한 음성이 가슴을 울린다. 이렇게 좋은 것을 왜 이제야 깨닫게 됐을까, 좀 더 일찍 이랬더라면 주름살 서너 개는 덜었을 것을.

2020. 3. 6.

탐욕

그릇을 꺼내려면 조심해야 한다. 찬장에 그릇을 가득 넣어 두어서 공간이 없어서이다. 이사할 때 아이들의 성화에 못 이겨 많이 버렸건만 아직도 빼곡하게 들어차 있다. 이사 온 지 반년이 넘었건만 한 번도 손이 안 간 그릇이 더 많다. 이쯤이면 애들 말 대로 버리는 게 맞을지도 모른다. 화채 그릇을 비롯한 유리그릇 종류가 그 대표적 예이다. 여름이 지났건만 한 번도 손길이 가지 않았는데 그대로 모셔놓을 이유가 없지 않은가? 그럼에도 마음은 아직 그들을 붙잡고 놓지 못하고 있다. 좋게 말해 애착이고 나쁘게 말해 욕심이다.

우리들의 죄를 대략 7가지로 나눌 수 있는데 그중의 하나가 탐욕이라는 설교를 들으면서 아아 바로 내가 탐욕에 사로잡혀 있구나 하고 무릎을 쳤다. 식탐까지도 탐욕의 범주에 든다는 말씀을 듣고 틀림없이 나라는 확신이 들면서 눈앞이 환해지는 것 같았다. 탐욕이란 남의 물건을 탐내거나 하는 것인 줄로만 생각했는데 불필요한 것을 갖고 나누지 못하는 것이 바로 탐욕이라는 것을 깨닫게 하신 하나님께 감사드린다.

내가 버리면 누군가 필요한 사람이 가져다 쓸 수 있으니 그것이 나눔이 아니고 무엇이랴. 나누는 것은 적극적으로 가진 것 중에서 일부를 떼어 희사하는 것으로만 생각한 것이 얼마나 좁은 소견인가 말이다. 예전에는 알뜰하다고 칭찬 받던 행동이 요즘에는 저장벽이라고 환자 취급을 받아야 하는 세상에 살고 있다. 어딘가 쓸데가 있을 것 같아 상자도 모아 두고 끄나풀도 묶어 두는 버릇을 대견하다고 칭찬하시던 외할머니가 그립다. 자수성가로 만석꾼이 되신 그 어른은 당신을 빼닮았다면서 물건을 아끼고 모아 두기를 좋아하는 외손녀를 끔찍이 사랑하시며 잘 살 것이라고 덕담을 아끼지 않으셨다. 하지만 부자하고는 거리가 먼 삶을 살았다.

손님을 대접할 일이 있으면 외식을 하는 풍속도가 자리 잡은 지 오래인데 무슨 그릇을 여러 벌씩 쟁여 두고 살까 보냐. 마음이 변하기 전에 바로 찬장을 비우고 볼 일이다. 우리 아이들 다 모여 봐야 6식구이니 7벌씩만 남겨 두고 다 버릴까? 아니다. 그래도 시어른들 추도일과 명절에는 시누이 식구들도 올 때가 많으니 10벌씩은 남겨 두어야 할 것 같다. 그래 12벌씩만 남기고 다 치우자. 식탐도 탐욕에 들어가는 죄라니 부지런히 회개하면서 좋은 습관으로 바꾸어 보자.

그다음으로는 이불장을 다시 비우고 옷장도 더 비우자. 조금이라도 쓸 만할 때 버려야 누구라도 요긴하게 쓸 것 아니겠는가? 돈이 많아 뚝 떼어서 희사할 형편이 안 되니 묵혀 두는 것이라도 과감히 나누며 살자. 몸도 가볍게 마음도 가볍게 집안 공간도 넓게 쓰면서 쾌적하게 살아보자. 7가지 죄 중에서 하나라도 좀 덜 지으면서 살 수 있으면 얼마나 좋은 일인가? 다른 6가지 죄 교만, 인색, 질투, 분노, 음욕, 나태는 음욕을 제외하고는 거의 모두를 날마다 시도 때도 없이 짓고 사는 형국이니 탐욕 중 한구석이라도 덜어보는 일을 서둘러 시행해야겠다.

2019. 10.

기도

하나님 아버지.

저를 이 땅에 보내 주신 천지의 창조주시여 오늘도 모든 영광을 홀로 받으시옵소서. 저는 지금 아버지의 예정에 따라 머릿속에 생긴 비정상적인 것들을 치료하기 위해 입원합니다. 예전 같으면 미리 알 수조차 없고 안다 해도 치료 방법이 거의 없어 그대로 방치할 수밖에 없었던 엄청난 일들이었지만 아버지의 덕택으로 발전한 의술 덕에 수술 아닌 시술로서 내시경으로 한답니다.

처음에 낙담했다가 머리를 열지 않고 시술로 한다는 말에 희색이 만면해졌습니다. 이제 80이 내일모레인데 아버지가 부르시면 언제라도 기쁘게 달려갈 테니 험하게만 데려가지 마시라는 기도를 입에 달고 살았는데 막상 죽을지도 모른다는 생각에 이르자 뒤숭숭했습니다. 하지만 재작년에 뇌동맥류 의증이라는 진단을 받았을 때처럼 충격을 받지는 않았습니다. 그때는 정말 앞이 캄캄해졌습니다.

이렇게 허망하게 가는 것이구나, 그것보다도 인터넷을 뒤져 보니 갑자기 핏줄이 터지면 그냥 죽음에 이르는 것이라니 무서워서 견딜 수가 없었습니다. 다행히 세브란스병원에 갔을 때 2년을 관찰해 보자는 말을 듣는 순간 2년은 산다는 말이로구나 싶으면서 갑자기 세상이 밝아졌습니다. 그때도 저는 오직 하나님께 모든 것을 맡긴다는 기도는 열심히 했습니다만 마음이 평안하지는 못했습니다.

그런데 아버지 하나님, 저는 아무것도 한 일이 없는데 아버지께서는 어찌 이 못난 딸을 이다지도 사랑하셔서 기쁨으로 이번 일을 받아들일 수 있게 하시는지요? 입에 발린 소리가 아니라 제가 의심될 정도로 마음이 평안하고 아버지께 온전히 맡기면서 그대로 순종할 것이며 이래도 저래도 다 좋습니다. 아버지 뜻대로 하옵소서, 살든지 죽든지 다 좋습니다. 다만 이렇게 온전히 맡기고 순종하는 믿음만 제게서 거두어 가지 마옵소서가 제 심정입니다. 제가 제 자신이 이상하게 느껴질 정도입니다.

주변을 좀 정리하려 했는데 무엇부터 해야 할지 엄두가 안 나서 음식들 좀 정리하고 마늘을 다 까서 갈아 비닐에 싸서 켜켜이 얼려 놓았습니다. 글벗이 몸에 좋다는 유황마늘을 한 접 보내왔는데 그냥 두고 가면 썩혀 버릴 것 같아서 그 일부터 했습니다. 글벗의 사랑에 대한 예의였습니다. 그리고는 관계하는 일들에 관한 아이디어나 처리할 일들을 부지런히 적어 보내거나 저장해 두었습니다. 컴퓨터에서 가져갈 수 있도록 해 놓았습니다. 아이들에게 편지를 쓰려 하니 도무지 말문이 열리지 않아 포기했습니다.

입으로는 다 따라가겠다고 하면서도 퇴원해서 멀쩡하게 살아갈 것 같은 마음과 소망이 더 큰 것이지요. 어떤 것이 주님 뜻에 잘 따르는 것인지 잘 모르겠습니다. 기도하고 매달리라 하신 말씀을 따라 살려주시라고 매달리는 것이 옳은 길인지, 순종이 제사보다 낫다 하셨으니 모든 것을 맡깁니다 하고 일찍 포기하는 체념이 더 옳은 것인지 말입니다.

아이들이 입원하기 전에 얼굴 본다고 왔습니다. 기도 다 못하고 마쳐야 할까 봅니다. 아버지 하나님, 제가 이 기도를 이어갈 수 있도록 도와주시고 간증할 수 있게 살려 주세요. 아이들의 웃음소리를 더 좀 듣고 싶습니다. 아무 공로 없사오나 우리를 구원하신 주 예수 그리스도의 이름으로 기도합니다.

2020. 8. 9.

은혜

세상을 살아가면서 일이 우순풍조하게 잘 풀리고 소망했던 일이나 크고 중요한 일들이 잘 이루어질 때 우리는 은혜 받았다고 생각하기 쉽다. 그럴 때는 감사 기도도 절로 나오기 마련이다. 하지만 그 반대의 경우에 낙심하지 않고 하나님 뜻에 온전히 맡기면서 그 상황 자체를 무조건 감사할 수 있다면 그런 것이 진정 은혜라는 것쯤 다 안다. 믿음이 좀 자라면 그렇게 되기를 소망하고 그럴 수 있는 사람을 많이 부러워하며 닮고 싶어한다. 쉬운 일이 아닌 것은 더 잘 안다.

딸아이를 따라가서 건강검진을 했다. 전문건강검진 H 의료재단에서 온갖 검진을 다 하고 오후 2시경이 되어서야 모두 마치고 죽 한 그릇을 먹었다. 2년 전 다른 전문기관에서 검진을 했을 때 뇌동맥류가 발견되어 놀랐던 기억이 떠올라 씁쓸했지만, 하나님께 모두 맡기고 마음 편히 지내는지라 괜찮았다. 2년 관찰해 보고 얘기하자는 의사의 말을 듣는 순간 2년은 살려 주신다는 거면 그걸로 됐다고 생각했다. 그 예약일이 약 1달쯤 남아 있다. 검진 결과를 의사

면담하며 받겠노라 7월 17일 오전 9시로 예약을 해 놓고 홀가분하게 나왔다. 딸이 자라서 이제 내 건강을 위한 관리까지 해 주고 있으니 눈물이 핑 돌도록 고마웠다. 하나님께 마음껏 감사기도를 올리며 청진동 길로 해서 인사동을 돌아 수필문학사에 왔다.

6월 그믐이 아직 안 됐는데 연락이 왔다. 자료가 다 되었으니 빨리 오면 좋겠다는 전갈이다. 예약 날이 아직 아니라니까 급히 상의할 일이 생겼으니 빨리 오라는 것이 아닌가? 자라 보고 놀란 가슴 솥뚜껑 보고 놀란다는 격이었다. 2년 전의 트라우마가 떠오르며 찜찜해서 급히 달려갔더니 뇌하수체거대선종이 발견됐으니 내분비내과에 빨리 가라는 의뢰서를 전하며 전체 설명을 자세히 해주었다.

세브란스병원에 2년 전 예약일이 7월 22일이니 어차피 그때까지 기다릴 수밖에 없었다. 병원 예약을 아무리 시도해도 그 전에 날이 없었다. 그런데 이상한 것은 2년 전 그때처럼 충격을 전혀 받지 않는 나 자신이었다. 원인이야 귀에서 찾아내서 1년여의 치료 끝에 안정되기는 했으나 그해에는 그 결과 듣고 열흘이 채 지나기 전에 어지럼증으로 드러눕지 않았던가? 그런데 이번에는 전혀 놀랍지도 않고 죽으면 어쩌나 하는 걱정이 없었다. 오직 밀고 올라오는 기도가 한 가지였다. 데려가시든지 더 두시든지 뜻대로 하옵소서, 다만 애들에게 폐를 끼치거나 너무 험하게 죽지만 않게 해 주시면 감사하겠습니다. 하오나 그 결정도 아버지께 맡깁니다. 3주 남짓 남은 기간을 그렇게 아주 편안하고 심상하게 일상생활을 할 수 있었다.

주일에 교구 목사님께만 말씀 드리고 기도를 받았다. 그리고 아직은 교구 식구들에게는 얘기 마시고 세브란스병원 다녀와서 그 결과 놓고 기도 부탁드리겠노라 했다. 친지들에게는 말하고 싶지 않았다. 어떤 건지도 잘 모르면서 미리 걱정하게 만드는 것도 그렇고 뇌에 무엇이 생겼다고 하면 금방 죽을 사람 같아 보여 미리 동정받고 헛소문이 나는 것도 싫었다. 전혀 초조하지 않게 3주여를 기다려 검진을 받았다.

뇌하수체에 종양이 생겼는데 1cm 정도의 거대 선종이라 제거 이외에 치료법은 없으며 호르몬에는 변화가 없어 다행임, 바로 위로 지나가는 시신경을 약간 압박하기 시작했으나 아직 종양이 크지 않아 시술로 완전 제거하기에 적기임, 조금 더 커지면 시술 어려워짐, 이 종양은 아무 증세가 없어 발견하기 어려워 대부분 눈이 안 보이기 시작해서야 병원에 찾아오기 때문에 어려움이 있는데 내 경우는 아직 손쓰기 좋은 때라는 점, 2년 전에 뇌동맥류 결찰을 했으면 이번에 이 시술을 할 수 없다 함, 등의 전체 설명을 듣고 그 자리에서 결정했다. 아이들과 상의하고 어쩌고 시간 허송을 할 때가 아니라는 생각이 스쳤기 때문이다. 하나님 저 합니다. 장님으로 살다 갈 수는 없는 일 아닙니까?

뇌에서 발견된 2가지 문제가 모두 우연히 건강검진에서 옵션으로 뇌 사진을 찍어 본 결과였으니 이 어찌 하나님의 은혜라 아니할 수 있으랴. 발견케 하셨으니 의사의 진단에 따르는 것이 순종하는 것이라 생각되어 아멘으로 결정하고 그날로 수술을 위한 준비를 거의 마쳤다. 10여 회가 넘는 채혈과 온갖 검사로 오전 8시에 병원에 간 사람이 오후 6시가 돼서야 병원 문을 겨우 빠져나왔다. 그렇게 피를 많이 뽑고도 사람이 멀쩡할 수 있다는 것이 이상할 정도였다. 혈관이 잘 나오지 않는 사람이라 간호사들 고생도 무던히 시키고 온통 멍투성이가 되었다.

다행히 코를 통해 내시경으로 하는 시술이라니 훨씬 마음이 가벼웠다. 8월 13일로 시술 일을 정하고 나와서 3주 동안을 편안하게 모든 일상생활을 다 해 나갔다. 사람들을 만나서 밥도 먹고 얘기도 하고 조심스럽게 행사도 참여했다. 뇌라고 하니 너무 막중해서 아예 하나님께 맡겨 버리고 나니 그렇게 마음이 편할 수가 없었다. 이 기막힌 상황을 은혜라는 말 말고 어떤 다른 말로 설명할 수 있을까?

드디어 시술을 끝내고 깨어나서 멀쩡한 자신을 발견하고 얼마나 감사했는지, 젊은 의사에게 기도해도 되냐고 물었다. 그러라기에 마음껏 감사하고, 의사(구철룡, 문준형)와 세브란스병원을 위한 기도까지 마쳤다. 이 무슨 넉살이란 말인가? 꼭 하고 싶었고 기도하고 났더니 얼마나 기쁜지 형언할 수 없었다. 130여 년 전에 이 땅에 오셔서 우리를 구원하시고 이런 좋은 의료기관을 설립하신 하나님이 그렇게 고마울 수가 없었다. 이 은혜를 거두시지 말 것을 위해 기도를 계속해야 한다.

퇴원해서 집에서 요양 중인데 회복도 순조롭고 빠르다. 일상생활에 지장이 없을 정도인데 2주 정도밖에 지나지 않았다. 아무 공로 없는 사람이 이런 큰 은혜를 받고 있는 것이 감사를 넘어 두려워질 지경이다. 하나님, 계속 저를 붙드소서.

2020. 8. 31.

두 달 보름

세상을 살아가는 동안 좋은 일만 있을 수는 없다. 건강을 원하지만, 병에 붙들려 고생을 하기도 하고 일이 잘 풀리기도 하고 꼬이기도 한다. 누구나 사고는 자기 몫이 아니기를 바라지만 그렇게 만만한 세상사가 아니다. 크고 작은 사고를 당하기도 하고 더 심할 경우는 본의 아니게 가해자가 되는 경우도 있을 수 있는 게 인생사다. 평지를 무심히 걸어가다가 뒤로 미끄러져 두 달 보름 만에야 바깥출입을 해도 된다는 진단을 받았다.

2022년 5월 23일에 철원으로 문학기행을 따라나섰다가 예기치 않은 일로 그 단체에 크게 폐를 끼치고 만 것이다. 자신이 주관하지 않는 행사라 마음 편히 움직였고 여러 번 가 본 곳이라 슬렁슬렁 따라다녔다. 흔들다리를 간다기에 어지럼증이 날까 두려워 한탄강의 절경도 포기하고 찬찬히 일행 뒤를 따라갔다. 다리 근처에 와서 앉을 자리를 찾아 작은 길을 건너 그늘에 앉으려고 아주 얕은 둔덕에 오른발을 올려놓고 왼발을 딛는 순간 뒤로 미끄러졌다. 휘청하고 아래쪽을 보니 왼쪽 발의 안쪽 복숭아뼈가 땅에 찰싹 붙어 있는데 발가락이 얌전히 왼쪽으로 놓여 있는 게 아닌가? 어머 저게 부러졌나 보네, 그러지 않고서야 발이 반대쪽으로 돌아갈 수가 있겠나? 싶은 생각이 스치는데 애써 아니야 하는 도리질이 절로 나왔다.

넘어지는 순간 건너편에 앉아 있던 사람들이 거의 반사적으로 아이쿠 왕모래구나 하고 외쳤다. 그곳이 왕모래가 많아 이런 사고가 자주 있었나 보다. 순간 햇볕에 반사된 구슬 같은 것이 영롱하게 반짝이는 게 아닌가? 구슬쟁반 위를 구른 셈이니 피할 수 없던 불운이었다. 구급대원들이 발가락을 만지며 감각이 느껴지냐고 묻는데 그 감촉을 느낄 수 있음에 얼마나 감사했던지. 아아, 신경을 체크하는구나 싶으면서 신경이 무사함이 눈물 나도록 감사했다. 하나님 감사합니다. 제가 무엇이건대 이렇게 보호하시나요? 뒤로 넘어졌으니 온몸이 철퍼덕하고 땅에 패대기치듯이 떨어졌을 형편인데 무슨 연유로 내 몸은 공중잡이를 하고 왼쪽이 허공에 떠 있었다.

마치 아이가 위태로우면 엄마가 슬라이딩하면서 아이를 붙잡는 그런 형국이었다고밖에 설명이 안 되는 상황에 하나님께서 바로 그 엄마처럼 붙드셨구나 싶으니 하나님 감사합니다는 소리만 되뇌었다. 철원 시내 병원에서 간단한 X선 촬영을 했다. 간호사가 눈앞에 사진을 들이대며 다 부러졌어요, 큰 거 작은 거 다 부러졌다구요, 하는데 그냥 덤덤히 쳐다만 봤다. 어렸을 때 친하게 지내던 접골원이 떠오르며 이럴 때 그 아저씨가 뼈를 맞춰주면 좋을 것 같다는 객쩍은 생각을 하고 있는데 어디론가 침대를 끌고 간다. 거기서 접골을 제대로 당한 것 같다. 잡아끌고 당기고 이리저리 휘두르다시피 하는데 죽을 정도로 아프고 견디기 힘들면서도 접골이 제대로 되기만 하면 못 참을 것 없다는 생각에 이를 악물고 참았다. 얼마 후 발을 정성스레 만지작거렸다. 아아, 발이 아주 모양이 없어질 정도로 다쳤나 보다. 이렇게 모양을 만드느라 주무르고 도닥거리는 걸 보니 하는 데 생각이 미치자, 좋은 병원 만나게 해 주신 하나님께 감사가 저절로 나왔다.

더 많이 다치지 않게 해 주셔서 고맙습니다를 연신 주문 외듯 하면서 허리, 고관절, 머리 등 온몸이 무사함에 눈물 나도록 하나님께 감사가 밀고 올라왔다. 환난 날에 나를 부르라신 하나님을 이렇게 부를 수 있게 하시는 것을 보니 성령을 보내 주신 것 같은데 그것 또한 무한 감사했다. 누가 나를 광신자라로 비웃어도 좋다. 이만한 게 기쁘고 감사한 걸 어쩌란 말이냐. 놀라서 달려온 아들 차를 타고 서울로 오는 동안 연신 참새처럼 재잘거렸다.

25일 신촌 세브란스병원에서 오후 2시부터 6시까지 장장 4시간이나 수술을 잘 받았다. 골절 수술로는 드물게 긴 시간이었다. 다음 날 아침 회진 온 집도의가 고약하게 많이 다쳤는데 수술은 잘 되었다고 한다. 한 발밖에 쓸 수 없으니 아들을 기둥처럼 붙잡고 사흘을 지냈다. 휠체어를 쓸 수 있게 되자 28일에 퇴원하라 해서 작은 병원으로 나왔다. 6월 3일인가 휠체어 대신 워커를 밀고 걸으라 했다. 왼발은 살짝 디디는 정도로 조심하면서 걸음 연습을 해야 한다고 했다. 6월 9일에 세브란스병원에 가서 실밥 뽑고 통깁스를 해 주면서 집에 가서 요양하라고 했다. 7월 7일에 통깁스 풀고 발목 보호 신발을 신고 집에서 조심해서 조금씩 아주 조금만 걸으라고 했다. 8월 4일 드디어 복숭아뼈까지 잘 붙었으니 발목 재활 운동을 연습하고 집에 가서 열심히 재활 운동하고 외출은 아주 조금씩 하기 시작하란다. 아아, 73일 동안 아니 두 달 보름만이다.

다친 다음 날부터 시작한 성경 읽기를 계속해서 신구약을 다 읽은 게 64일 만이었다. 누워서 책밖에 읽을 게 없으니 하루의 절반은 문학작품을 읽고 절반은 성경을 읽었다. 6번째 성경 통독인 것 같은데 이번처럼 집중적으로 읽을 때가 없었다. 집중적으로 지속적으로 단기간에 읽고 나니 관통하는 느낌이 들었다. 딱 두 말씀이다. '너희는 내 것이라 나를 따르면 무한의 사랑과 은혜를 베풀고 구원하여 영생의 복락을 누릴 것이고 거역하면 멸망이고 온갖 고통으로 진멸하리라.' 우리를 얼마나 사랑하셨으면 그 두 말씀을 신구약 66권씩이나 되게 반복해서 말씀하셨을까?

성경에 나오는 인간의 모습이 바로 우리들 아니 내 모습이었다. 금세 감사하다가도, 다 맡기니 뜻대로 하옵소서 하다가도 이게 잘못되면 어떡하지 하는 의심의 그림자가 비치기도 하고 슬그머니 우울해지기도 할 때마다 회개했다. 이것이 바로 불신의 증거 아닙니까? 회개하오니 용서하시고 모든 것을 알아서 주장해 주시옵소서. 선하게만 인도하여 주시옵소서. 솔직히 말해서 짜증 한번 안 나고 견딜 수 있었던 것은 무한한 은혜였다. 이런 큰 은혜를 받고 성령충만의 복을 받고 어떻게 보답해 드려야 하나, 나를 향하신 하나님의 뜻이 과연 무엇일까? 되찾은 건강으로 어떻게 하나님 뜻에 맞는 일을 하여야 할까? 지혜를 주시라고 엎드려 기도해야겠다. 두 달 보름의 사랑 속에 감춰진 하나님의 참뜻을 알아내기 위해 겸손히 귀를 기울여야겠다. 우선 성령을 거두어 가지 마시기를 간절히 바란다.

바깥출입의 첫 번째는 이번 주일의 예배 참석이다. 그렇게라도 해야 하나님 사랑에 조금이라도 성의를 보이는 것 같아 마음이 편할 것 같다. 다리 힘을 기르려고 거실 안을 개미 쳇바퀴 돌듯 걷고 또 걷는다. 아아, 두 달 보름만이다.

2022. 8. 6.

2

이렇게 좋은 것을

그 아침은 언제나

사람은 누구나 한번 죽는 것이 정한 것이라 말씀하셨다. 또한, 주님 다시 사시는 날 우리 모두 다시 살 것이라 말씀하셨다. 하지만 믿지 않는 자들에게는 오직 심판과 영영 죽음과 지옥불이 기다리고 있음도 말씀하셨다. 우리는 예수님을 믿기만 하면 주님이 누리시는 영광과 마귀를 이기는 권세를 누릴 수 있다. 이 모두 주님께서 그 고통스럽고 치욕적인 십자가의 형벌을 겪어내고 이룩하신 부활의 역사 위에서만 가능한 이야기이다.

황사가 찾아와 외출을 삼가느니 어쩌느니 하고 뒤숭숭한 봄의 길목에서 우리는 주님의 그 역사의 날을 기념하며 옷깃을 여민다. 세마포 한 조각을 만져만 보아도 좋겠노라 눈물의 기도를 드리면서도 헐벗은 이웃의 백 벌 값도 더 되는 옷 한 벌을 사는 일에 서슴없이 지갑을 연다. 그런 봄이다. 산야에 흐드러진 꽃물결이 허영의 날개에 바람을 넣으니 어찌하랴.

어디 그뿐인가? 명예욕의 마귀는 더욱더 집요하게 마음 밭을 어지럽힌다. 가히 정치의 계절, 18대 국회의원 총선을 앞두고 온통 국회로 달려간다. 될지도 안 될지도 전혀 알 수 없기는 매한가지이기에 거금을 아낌없이 신청비로 쏟아 넣고 하늘만 쳐다본다. 찾다가 붙잡아 볼 세상 줄 전혀 없어 그것도 축복이라 혼잣말로 되뇌며 일은 혼자 저지르고 하나님만 불러댄다. 여고 시절 학생회장, 그것으로 마음 접고 정치, 명에 꿈같은 것 아주 잘 접어서 영영 묻어 버렸거니 싶어 다행이라 여겼더니 묵은 불 되살아나 이리도 괴롭힐 줄 나 정녕 몰랐구나. 예수님이 못난 종 불쌍히 여기시고 이 나라 여성 위해 큰일 한 번 할 수 있게 허락하여 주옵소서.

사순절 기간에 예수님의 참 제자로 은혜로운 생각으로 경건하게 기도하기보다는 이런 탐욕적 기도밖에 드려지지 않으니 어찌하랴. 우선은 제 소원 좀 들어주시고 크게는 주님 어서 오시옵소서. 우리 모두 자유케 될 날은 그날뿐이오니 속히 오시옵소서. 영광의 그날, 빛나는 그 아침은 언제나 오는 겁니까? 염치없지만 부활의 그 아침 잔치에 참예하고 싶습니다.

2008. 4.

돌이킬 수 없는 후회

오뉴월 곁불도 쬐다 나면 섭섭하다는 속담이 떠오른다. 찜통 속 같은 유월 염천에 얼음이라면 몰라도 불을 쬔다는 것은 실제 상황일 리 없으련만 그런 무더위 속에서도 막상 쬐고 있던 불을 비키면 섭섭하리라는 비약적인 은유법이다. 어떤 일을 하다가 거기서 손을 떼게 될 때의 서운한 인간 심리를 절묘하게 표현한 수사법인 셈이다.

시무권사 은퇴식을 한다고 한복을 차려입는데 기분이 묘하다. 새삼스럽게 아깝고 후회스럽다. 좀 더 열심히 할걸, 이제 다시 할 수 없다는 생각을 하니 갑자기 눈이 매워 온다. 마치 양파를 깔 때처럼….

세상 살면서 일을 하다가 본의 아니게 그만두어야 할 때도 있었지만 이런 기분까지는 아니었다. 게다가 권사라는 일이 직업처럼 무슨 소득이 있는 일도 아니니 그만둔다고 해서 절박할 이유도 없다. 오히려 무거운 짐 하나를 내려놓는 일일 수도 있는데 왜 이토록 허전하고 야릇한 마음이 드는지 알다가도 모를 일이다. 왜 이럴까? 늙어서 그만두어야 한다는 것이 서글프게 하는 것일까? 꼭 그것만도 아니다. 그럼 무엇일까? 후회와 미안함이다. 아니 죄송함이다. 그리고 억울함이다. 하고 싶어도 못하는 날이 온다는 생각을 했더라면 좀 더 열심히 할 것을 하는 후회가 그 첫째 이유다. 제대로 하지 못할 터이면 그때 못 한다고 양보라도 할 일이지 욕심은 있어 가지고 슬그머니 직분만 받아들고 제대로 못해서 공연히 다른 사람이 잘할 수 있는 기회까지 빼앗은 데 대한 미안함이 둘째 이유다. 그보다 더 중요한 것은 귀한 일을 맡겨 주셨는데 기대에 못 미쳐서 하나님 나라 확장에 도움을 드리지 못한 데 대한 죄송함이 셋째 이유이다. 아니 그것이 첫째 이유이다.

하늘나라 갔을 때 상급은 없더라도 책망은 듣지 말아야 할 텐데 그러기는 아예 글렀을 정도로 게으른 종이었으니 이를 어이하면 좋단 말인가? 늦었다고 생각할 때가 빠른 것이라고 말들 하지만 그것은 일반 세상사일 때 가능한 일이지 이런 경우는 아니다. 무엇이나 잃고 나서야 진가를 알고 발을 동동 구르는 것이 사람이지만 이렇게 미련할 수가 없다. 주어졌을 때 최선을 다해도 성과가 크게 나지 못할 일을 그저 이름만 달고 서 있었으니 참 염치없는 노릇이다.

하나님 죄송합니다. 전도를 제대로 하지도 못하고 기도를 열심히 하지도 못하고 본이 되는 삶으로 예수님의 향기를 풍겨 세상을 아름답게 해 주지도 못하고 이웃을 내 몸처럼은 고사하고 보통으로도 사랑하지 못한 것 같고, 아무리 반성문이라 해도 창피해서 그만 말해야겠다.

다른 자리에서 내려앉을 때 이렇게까지 미련이 남지 않았는데 오늘 이토록 아쉬운 것은 그래도 이 자리가 정말 소중해서가 아닐까? 그렇다면 내려놓았다고 생각할 것이 아니라 그 짐을 그전보다 더 귀중하게 생각하고 조심스럽게 지고 의미를 깊이깊이 새겨 가면서 한 가지라도 성실히 해 나가면 될 일이다.

그동안은 나를 보고 예수 믿고 싶은 생각이 도망가는 사람을 만들었을지도 모르니 이제는 나를 보면 예수 믿고 싶은 생각이 드는 사람으로 변해 보자. 그러려면 우선 나를 내려놓고 겸손히 모두 다 양보해야 한다. 적극적으로 무엇을 해야 하는 것이 아니라 내 속에서 밀고 올라오는 아집만 버리면 되니 이를 악물고 한 번 시도해 볼 일이다. 바보가 되어보자. 한참 동안 마음을 다하여 기도하고 있는데 자리를 앞줄로 옮겨 앉으라고 한다. 순간 아니 아까는 앉으려니까 비워 두라고 하더니, 이런 중요한 날 자리 배치 하나도 미리 잘하지 못하고 우왕좌왕하는 거야 하는 불평이 목을 밀고 올라온다. 아차, 지금 기도하고 있던 것이 무엇이었지? 이건 작심삼일도 아니고 뭐란 말인가? 은퇴를 해도 사람들은 나를 권사로 생각할 것이니 그동안 못 했던 것까지 다 하는 기분으로 나 자신을 다듬는 일을 계속해야 할 일이다. 부족한 사람인지라 언제나 온전할 수 없는 것을 어쩌겠는가?

하나님 다시 임직 시켜주시지요. 게으른 지각생에게 하나님이 직접 담임선생님이 되셔서 날마다 숙제 검사를 하시면서 말이에요. 그동안 눈감아 주셔서 감사합니다.

2014. 2. 12.

하나님 죄송합니다

하나님 엄청난 일이 벌어졌습니다. 수학여행 길에 안산의 단원고교 학생 325명이 엄청난 사고를 당했습니다. 학생에 일반 승객을 합해 500명 가까운 사람을 태우고 인천을 떠나 제주로 가던 세월호라는 배가 어이없이 뒤집혀 진도 앞바다 병풍도 근처 맹골수도에 깊이 가라앉았습니다.

배가 어쩔 수 없이 침몰 될 수밖에 없는 상황에 처할 수 있지요. 하지만 그런 경우 최선을 다해 아니 사력을 다해 구조에 임하고 선장은 혼신의 힘을 다 바쳐 온갖 구조 방법을 다 쓴 후에 사세부득하면 마지막에 배와 함께 장렬하게 운명을 같이하는 숭고한 모습이 우리 망막에 찍혀 있는 해난 사고의 현장이었습니다. 그런데 2014년 4월 16일 대한민국 남해 맹골수도라는 바다에서는 이상한, 실로 기이한 일이 벌어지고 말았습니다. 배가 기울자 방으로 들어가 있어야 안전하다며, 승객은 모두 어서 들어가 움직이지 말고 있으라는 안내 방송이 울려 퍼졌습니다. 그 후로는 반복된 그런 안내 방송 외에는 아무런 구조 조치가 없이 선장은 선원들 일부만 데리고 자신들만이 다닐 수 있는 통로를 이용해 배를 버리고 빠져나왔습니다. 이야말로 기이한 일이 아니고 무엇이겠습니까?

배가 기울게 되면 바로 인명구조를 시작해서 침몰 전에 구조해 낼 수 있는 시간이 약 2시간 정도 있는데 이 황금시간대를 다 놓쳐 버리고 300여 명의 귀중한 생명이 고스란히 바다에 가라앉고 말았습니다. 수학여행 길의 말 잘 듣던 우리 아이들이 거의 다 갇힌 채 말입니다. 마지막 순간까지도 어른들만을 하늘 같이 믿었을 우리 아이들을 위해 어른들이 한 일이 없어 미안하고 배가 기운 것이 화물 불법 과적이라는 사실이 드러나면서 얼굴을 들 수가 없는 심정입니다. 시간이 지나면 지날수록 온갖 불법과 부적절한 대응, 부패의 고리들이 난마처럼 얽힌 부끄러운 사실들만 들춰지면서 끝도 갓도 없는 탐욕의 실체 앞에서 부끄럽기 그지없습니다. 세상에 짐을 더 많이 실어 돈을 벌겠다는 일념으로 배의 생명이라고도 할 수 있는 평형수를 엄청나게 빼버렸다니 미친 사람들 아닙니까?

생활 속에 깊숙이 자리 잡고 있는 안전 불감증과 무사 안일한 태도, 고질적인 부정부패의 기반 위에서 벌어진 온갖 말도 안 되는 행태들이 사고가 날 수밖에 없는 상황으로 몰고 온 일들이 계속 밝혀지면서 바로 나 자신이 이번 사고의 공범이라는 생각으로 온 국민이 우울증에 걸린 상태입니다.

하루 이틀에 빚어진 일이 아니라 오랜 기간 누적되어온 우리의 안전 불감증과 부정 부패와 함께 숨 쉬어 온 것 같은 실상이 드러나면서 이번 사고는 계속적으로 국민에게 충격에 충격을 더 해 주고 있습니다. 상식을 훨씬 뛰어넘고 또 도 넘는 과적으로 배는 이미 떠날 때부터 사고를 예약이라도 하고 떠난 듯한 상황이 밝혀지자 입이 다물어지지 않았습니다. 배가 기울어지고 물에 빠져가기 시작했을 때 시급히 분초를 다퉈서 인명을 구조해도 부족할 시간에 그 귀중한 황금시간대에 구조 노력은 손톱만큼도 취하지 않은 채 본사인 청해진 해운이라는 곳과 전화질만 하느라 인명은 건져내지 않았습니다. 그 전화가 무엇이었냐구요? 화물량을 조작해서 줄이는 전산조작 때문이었다니 인면수심이라는 말보다 더 적합한 말이 없을까, 골똘히 생각하게 됩니다.

여기까지도 기가 막힌데 이후로 벌어지고 밝혀지는 일들이라는 게 그야말로 요지경입니다. 사람의 생명에 경중이 있겠습니까만은 고등학생 300여 명이 거의 빠져나오지 못한 이번 세월호의 참사는 엄청난 아픔이 아닐 수 없습니다. 어른들의 잘못으로 죄 없는 어린 생명들을 무더기로 수장시켰다는 사실이 어른들을 집단 우울증에 빠져들게 할 수밖에 없었습니다. 하나님 어찌하면 좋습니까? 이럴 때 어른이라는 사실이 이렇게 치욕스럽고 부끄러울 수가 없습니다. 하나님 죄송합니다. 이런 사회가 되도록 방치하고 무언으로 비켜 다니기만 한 것 이것이 공범이 아니고 무엇이겠습니까? 너의 탐욕이 아니라 바로 나의 탐욕이 오늘 이 나라를 이런 나라로 만들었습니다.

하나님, 죄송합니다. 정직하지 못한 사소한 일들에 대해 죄의식 없이 살아온 것이 저런 큰 탐욕을 키운 밭이었을 테니 저도 죄인입니다. 노인용 엘리베이터에 마지막으로 올라타고 만원 표시가 나오지 않기를 바라다가 빨간 불이 만 원을 써 주어도 혹시 문이 닫히려나 요행을 바라고 서 있기 일쑤이니 이런 것이 오늘의 비극을 만든 조연이 아니고 무엇이겠습니까? 그러면서도 과적을 성토하며 열을 올리니 뭐 묻은 개가 뭐 묻은 개를 나무라는 형국입니다. 하지만 날로날로 드러나는 일들은 나도 죄인입니다를 철회하게 만들기에 충분할 만큼 엄청나서 일단 그 회개를 여러 번 철회하곤 했던 것이 지난 두 달간의 우리 심정이었음을 고백합니다. 이 역시 인간의 교만이지요. 하지만 해도 너무한 이 상황을 우리가 어떻게 극복할 수 있을지 막막합니다.

하나님, 부디 우리가 죄인임을 잊지 말고 다시는 이런 비극을 되풀이하지 않도록 새로 태어나는 나라 되게 하여 주시옵소서. 그 일에 모두가 자신이 죄인임을 잊지 말고 성실히 다시 사는 사람 되게 도와주시옵소서. 미련하고 탐욕에 찬 이 마음을 예수님의 보혈로 정결케 하여 주시옵소서. 염치없지만 그 복을 받고 싶습니다.

2014. 6. 18.

고아를 면하게 돼

부모가 없다는 것, 아무리 다른 보호자가 있다 해도 집안이 정상일 수가 없다. 자녀들 또한 구심점을 잃고 방황할 수밖에 없는 일이다. 보호자로 와 있는 사람들이 많다 할지라도 책임지고 어떤 일에 대해 결단을 내릴 수 없어 교육이 제대로 이루어지지 못한다. 이러다 보니 아이들이 정상적으로 자라기 힘들다. 부모를 대신할 조부모나 집안 어른들이 굳건히 자리 잡고 있을 경우는 사정이 좀 달라질 수 있긴 하지만 그 효과는 극히 제한적일 경우가 많다.

기독교에서는 사람이 하나님을 모르고 사는 것이 마치 고아와 같이 고단하게 살아가는 인생이라고 가르친다. 하나님은 우리를 창조하셨고 예수님은 우리를 구원해서 자녀 삼으셨는데 그것을 인정하지 않는다는 것은 마치 부모 없이 홀로 살아가는 고아와 다르지 않다는 것이다. 실제로 신앙생활을 해 가는 데 있어서는 교회를 이끄는 담임목사를 집안의 아버지 자리에 두는 것이 보통의 생각들이 아닌가 한다. 교회에 여러 지체가 있고 오직 하나님께 속해 있을 뿐이지 사람에게 속해 있으면 안 되는 것이고 잘못하면 우상이 될 수도 있다는 위험이 있긴 하지만 실제로는 그런 구심점이 없으면 교회가 든든히 서 갈 수 있겠는가? 교파에 따라서 그 역할들에 대한 자리매김이 약간씩 다르기는 하지만 어떤 경우이든 담임목사가 최고 책임자로서 교회를 이끌고 가는 데는 큰 차이가 없다. 그 역할은 교인들에게는 부모 같은 존재인 것이 일반 성도들 대부분이 갖고 있는 생각이다.

2014년 7월 27일, 오늘은 우리 교회 교인들이 1년 7개월 만에 고아를 면한 날이다. 전임 목사의 원로목사 추대와 새 담임목사 위임이 순조롭게 이루어져 교인들은 매우 기뻐했다. 1년 하고도 반을 넘기고서야 새 담임목사를 모시는 절차가 진행되었다. 오늘 공동의회가 청빙위원회 추천을 받은 새 담임목사님 단일 후보에 대해 100%에 가까운 찬성표로 지루한 방황을 끝내고 우리는 드디어 고아를 면하게 됐다.

40년 광야 길에 비유할 수야 없겠지만 지난 기간이 정말 위태롭고 힘든 길을 걷는 격이었는데 하나님은 우리를 꼭 붙들고 계셨다. 교회가 큰 위기였는데 교회는 끄떡없이 서 있었다. 비 온 뒤에 땅이 굳는다는 것만 믿고 싶다. 아직도 많은 문제들이 산적해 있는 눈치다. 바라기는 새 담임목사에게 그런 일로 짐을 지워서는 안 된다는 생각이다.

목회에 뜻을 두어 온 터라 신학대학 교수 자리를 내려놓고 달려왔다는 마흔다섯의 젊은 새 담임목사를 잘 모시고 서로 잘 크는 일이 하나님 뜻에 합당할 것이라고 믿기에 간절히 기도한다. 제발 모든 관계자들이 자신의 선 자리에서 조그마한 잘못이라도 있으면 모두 다 꺼내 놓고 회개하는 것으로 교회 바로 세우기를 실천해 주도록 하나님께서 간섭해 주시라고.

아무튼, 새로 오신 담임목사님과는 아무 상관이 없는 일이니 그 일의 여파로 새로 모신 어른을 힘들게 하는 일은 절대 없어야 한다.

지난 1년 반의 교훈을 되돌아보면 앞으로의 일도 걱정할 필요 없다. 우리는 오직 기도만 할 뿐 결정과 실천은 하나님이 지시하시고 직접 하신다. 정확히 보고서도 또 인간의 힘으로 어찌 해 보려 한다면 홍해를 마른 땅으로 건너고서도 또 의심하고 원망하는 출애굽 도상의 군상과 다름이 없을 것이니 우리 모두 각자의 자리에서 제 할 일만 하면서 주만 바라볼 일이다.

1년 반 동안이나 고아 되었던 우리를 보듬어 안아 주셔야 할 새 담임목사님이 많은 일을 잘 감당할 수 있도록 하나님께서 크신 은혜를 허락해 주시기 바랍니다. 그것도 믿고 기도할 뿐입니다. 우리 교인들이 흩어지고 해이해졌던 마음을 한데 모으고 부모 없는 고아처럼 방황하던 허탄한 심정을 추스르고 새롭게 태어나도록 도와주시기만 바랍니다. 하나님만이 하실 수 있는 일입니다. 주여 어서 일으켜 세우셔서 영혼 구하는 일에 전념하게 하옵소서. 성령의 불이 강하게 내려 약수골을 복음화하는 선봉이 되게 하옵소서. 한 세대 후의 100주년을 영광으로 준비하게 하옵소서. 고아를 면케 해 주셔서 감사합니다.

2014. 8. 6.

어쩌려고 이러나

이제 놀랄 가슴도 없다. 자라 보고 놀란 가슴 솥뚜껑 보고도 놀란다는 속담은 갖다 댈 상황도 아니다. 설상가상이라는 말도 지금 우리 상황에 대입하면 그야말로 코끼리 비스킷이 된다. 호랑이를 피해 달아났더니 범이 기다리고 있다는 말로도 부족하다. 그야말로 죽어라 죽어라 정도가 아니라 '이래도 안 죽을래.' 하면서 저승사자가 목을 지키고 있는 격이라고나 할까? 그 말로도 적절한 설명이 되지 않는다. 마치 욥과 같은 처지에 놓인 것이 아닌가 싶을 지경이다.

4월 16일 진도 앞바다 맹골수도에서 일어난 세월호 사고로 온 나라가 침통하다 못해 통째로 늪 속에 빠져들어 가는 형국이었다. 잠시 눈 한번 깜빡하고 나면 기상천외의 사실들이 방송 화면을 채우고 분노에 떨게 했다. 기어이 배는 엄청난 숫자의 인명을 안은 채 가라앉고 살려내 오지 못하고 말았다. 생명이야 똑같지만 그 희생자 중에 고등학교 수학여행 길의 어린 생명들이 200명을 훨씬 뛰어넘게 포함되었다는 사실은 더욱 가슴 아프고 경악할 일이었다.

그 배를 사고가 날 수밖에 없도록 운영하게 했고 그로 인해 어마어마한 돈을 빼돌려 호화판으로 살면서 온갖 비리를 저질렀다고 지목된 유병언이라는 사람은 도망을 치고 5억의 현상금을 걸었지만 끝내 주검으로 발견되었다. 그것으로 끝이 아니라 그 죽음의 실체가 무엇이냐는 문제를 놓고 나라는 또 한 번 벌집을 쑤셔 놓은 듯 들끓었다. 자살이냐, 타살이냐, 자연사냐를 놓고 의문이 꼬리를 무는데 시신이 너무 부패된 상태에서 발견된 고로 실체를 파악하기 어렵다는 것이 국립과학수사연구소의 입장이다. 국가의 공인 기관이 과학적으로 유병언이 맞는다고, 그 시신의 주인공을 확인해서 발표했건만 시신이 바꿔치기 된 것 아니냐는 허무맹랑한 소문이 꼬리를 이었다. 지문이 맞고 아들과 유전자 확인에서 부자간이 맞다는 발표에도 불구하고 의문을 제기하는 사람들 때문에 쓸데없이 민심만 흉흉하게 만들기도 했다.

이런 와중에 22사단 최전방 GP에서 무기를 탈취한 병사가 동료들을 사살하고 탈영하여 나라를 들쑤셔 놓았다. 체포해서 들어보니 병영 내 왕따를 못 견뎌 벌인 일이라는 어이없는 진술이 나와 우리를 허탈하고 기막히게 했다. 관심병사라는 생소한 단어를 처음 듣는 일반 시민들은 망치로 머리를 얻어맞은 듯 무엇이 무엇인지 알 수 없으나 아까운 젊은 생명들이 어이없이 스러져 갔다는 것과 인명을 하찮게 여기는 풍조의 일환임에 몸을 떨 수밖에 없었다. 지하철 사고에, 교통사고에 크고 작은 사고가 연달아 일어나는 바람에 마치 게임기의 매 맞는 인형처럼 우리는 휘청거렸다. 병영 내 참사에서 받은 충격이 채 가시기도 전에 이번에는 동료병사에게 하급 병사가 맞아 죽었다는 보도에 귀를 의심할 수밖에 없는 일이 또 터지고 말았다. 게다가 몇 달 전의 일인데 쉬쉬하며 축소 은폐하려다 제보에 의해 수면으로 드러났으며 질식사가 아니라 실제로는 계속된 폭행으로 결국 맞아 죽은 것이 죽음의 직접 원인이라는 사실이 불거지면서 국민들은 그야말로 패닉상태에 빠졌다.

포천에서는 한 집에서 안방의 고무통 속에 담긴 오래된 시체가 발견되었고 그 옆에 영양실조의 어린아이가 함께 발견되었다는 보도에 국민들은 눈을, 귀를 의심했다. 그 집에 살던 여인은 도망갔으나 곧 잡혔고 그 시체가 남편이냐 연인이냐를 놓고 진실게임을 벌이고 있다. 아직 수사 중이고 그 실체가 곧 밝혀지겠지만 우리는 일련의 이런 엽기적 사건을 접하면서 우리가 사람이 맞나 싶어 꼬집어보고 싶을 지경이다. 자신이 살고 있는 세상이 어쩌다가 이 지경이 되었나 생각해 보며 기가 막힌 것이 아니라 참담하고 부끄러움에 치를 떠는 한 해를 살아가고 있다.

하나님 저는 무엇을 했나요. 이웃이 이 지경이 되도록 우리는 진정 무엇을 하고 살았을까요? 하나님께 예배를 드린다고, 주일성수를 한다고 교회에 주일예배를 잘 참석했다고 은근히 상을 기다리는 심정은 아니었을까요. 맞습니다. 이만하면 됐지 않느냐는 심정으로 마음 편히 지냈겠지요.

기도를 열심히 했노라 생각하기도 했지만 언제나 나 자신과 내 자식의 형통과 건강, 더 많이 잘 되고, 더 많은 돈을 벌고, 더 높이 출세하고, 손자녀들이 더 공부 잘하고, 무사하게 학교 잘 다니고 등등의 이기적인 기도 외에 한 것이 없다는 사실을 전혀 의식하지도 않은 채 살아왔다. 남을 위한 기도를 가끔은 하지만 그것도 나와 관계가 있는 사람들의 형통을 빌었지 아무 상관없거나 미운 사람을 위해 그런 기도를 올린 기억은 거의 없다. 기껏해야 내게 방해가 되거나 앞을 가로막는 사람을 놓고 그를 변화시켜주시라는 기도만 한 적이 있다. 그 역시 그 사람을 위한다기보다는 그가 변화됨으로써 나의 일이 형통케 되기 위한 방편으로 올린 기도가 아니었겠는가?

연이은 참사에 도대체 어쩌려고들 이러냐고 한탄하다가 그 대상에 나 자신도 끼어있을뿐더러 이런 일련의 사태에 전혀 자유로울 수만은 없다는 자각에 눈 뜨게 하신 하나님께 감사한다. 그래 바로 내 탓이다. 나도 그런 사태에 이르도록 한 몫 잘 거들며 오늘의 안위를 누리고 있는 것일지도 모른다. 더위도 한풀 꺾이고 서늘한 바람 한 자락 아침을 열어준다. 새로운 계절에 새로운 마음으로 하나님 앞에 서 보아야겠다. 이제 이웃을 위해 기도하고 그들과 함께여야 진정한 형통이 가능하다는 무서운 사실을 기억하며 살게 해 주시라고 빌어야겠다. 네가 변화되어야 한다고 손가락질하기 전에 내가 먼저 변해야 할 것이 무엇인지 눈을 부릅뜨고 찾아내며 살게 해 주시는 것도, 거기 그치지 말고 작은 것이라도 알았으면 바로 실천하는 행동 중심의 삶이 되게 도와주시라는 것도 간절히 기도해야 할 일들이다. 이런 작은 실천이 겨자씨 되어 사회가 변할 수 있다면 하나님께서 기도 들어주신 데 대한 감사를 즉각 올릴 수 있는 복도 허락하여 주시옵소서. 사람들의 지탄을 받는 이런 일들의 가해자들에게도 하나님의 사랑이 임하시기를 엎드려 비옵니다.

2014. 8. 11.

조금만 지나도

갈급한 일이 있어야 기도하게 되고 그 일이 해결되고 나면 감사 기도 몇 번 드리는 것으로 시나브로 기도는 멈추기 일쑤다. 어쩌면 그렇게도 씻은 듯이 잊어버릴 수가 있단 말인가? 화장실 갈 때 와 나올 때가 다르다고 하지만 얄팍하기 그지없는 사람의 모습이 아닐 수 없다.

백내장이 발견된 지 20여 년이 넘도록 천천히 진행되어 별 탈 없이 지내왔는데 점점 안 보여 안경으로는 글자가 잘 안 보여서 확대경으로 보아야 할 정도가 되었다. 정기 검진을 받으러 갔더니 이제 많이 진행돼서 수술을 해야 할 것 같다면서 종합병원으로 가라고 했다. 전에 다니던 영등포 김안과로 가겠다고 했더니 그러라고 권고했다. 한쪽 눈이 심한 약시여서 혹시 모르니까 버틸 때까지 견뎌보자던 의사가 자신들도 충분히 수술할 수 있지만 만약의 사태 때를 대비해서 그리로 가는 것이 좋겠다는 권유였다. 환자 유치에 맹목이라는 사람들의 비난이 일반화된 세태에 신선한 충격이었다. 아아 인술이 저런 것이구나, 젊은 의사에게 마음으로 존경의 절을 했다. 유명한 병원이니 특별히 선생님 소개 받을 것 없이 무작정 가야겠다는 생각이 들었다. 수술 잘하는 선생님을 소개 받고 어쩌고 할 마음의 여유가 없었다. 하나님께 좋은 선생님 만나게 해 주시고 무사히 수술을 받을 수 있게 해 주시라고 열심히 기도하기 시작했다. 예전에 다니던 병원인 데다 남편이 수술 받았던 병원이라 믿음이 갔다.

월요일 날이 밝자 무작정 김안과로 달려갔다. 예약 없이 진료 받을 수 있는 선생님이 화면에 떠 있다. 진료 받을 수 있어 다행이라는 생각과 동시에 미리 예약도 안 받고 그냥 진료를 받을 수 있다면 아직 좀 부족한 의술은 아닐까 하는 의구심이 스쳐 지나갔다. 아니야, 이 병원 정도면 어떤 선생님도 모두 다 수준 이상의 의술일 것이라는 생각이 들어 그냥 접수를 했다. 진료실에 들어서니 중후한 선생님의 풍모에 압도되어 안심하고 진료를 받았다. 환자의 편의를 위해 예약 없이 진료할 수도 있도록 편성한다는 것을 모르는 무식의 소치였음을 후에서야 알았다. 내가 만나게 된 그분은 그 병원만이 아니라 안과계의 최고 명의 중 한 분이었다. 하나님 빽이 바로 이런 것이 아니겠는가? 좀 더 견뎌도 되니 불편해질 때까지 더 있어도 괜찮다는 진단에 안심하고 돌아왔다.

3달마다 검진을 두어 번 다녀왔는데 갑자기 글자가 보이지 않아서 아무래도 수술을 해야 하나 보다는 생각이 들었다. 지난번 검진 때 이제는 많이 불편하면 수술을 받아도 될 것 같다는 진단이 생각나면서 더 불안해지기 시작했다. 요즘 백내장 수술은 많이 보편화되어서 여러 안과에서 다 하는 형편이고 환자들도 별로 겁내지 않는 수술 중 하나이다. 하지만 한쪽 눈이 심한 약시라서 만약 수술이 잘못되어 시력에 문제가 생기면 꼼짝없이 글자를 영영 못 보고 살아야 될 지경이니 걱정이 될 수밖에 없는 일이었다. 자신이 생각해도 속이 들여다보일 정도로 기도가 계속 이어졌다. 길을 걸어가면서도, 밥을 먹으면서도, 방송을 보면서도, 집안일을 하면서도 시도 때도 없이 기도가 계속되었다. '하나님 어떻게 해야 됩니까? 그저 이 정도로라도 보고 사는 것이 순리이지 더 바라고 수술했다가 만약 잘못되면 큰일 아닙니까? 이럴 때 분수가 어떤 것인가요? 수술하는 것인가요, 견디는 것인가요.' 한 눈으로라도 평생 지장 없이 잘 살게 하신 것에 감사한다면 이 정도 불편쯤은 견디고 그대로 있는 것이 순리 아닐까, 어떤 것이 하나님 뜻에 순종하는 것일까, 생각하면 할수록 알 수가 없다.

이렇게 안 보여 가지고야 어차피 일상생활을 하기 힘들고 수업이 어려워할 수 없다 싶으니 하나님께 매달릴 수밖에 없었다. 며칠을 기도하는 중에 설마 하나님께서 나를 장님으로 여생을 살게 하시기야 하겠는가 하는 배짱 같은 것이 생겼다. 만에 하나 일이 잘못되어도 한쪽 눈으로 빛과 어둠은 식별할 수 있고 초점이 안 맞아서 글자는 못 보아도 사물의 어렴풋한 윤곽은 보이니 사람과 부딪치지는 않고 살아갈 수 있다. 그동안 잘 보고 살게 해 주셨으니 감사한 일이고 그 정도로 족하다는데 생각이 미치자 편안해졌다. 하나님 믿고 하겠습니다. 믿음이 없어서 이렇게 근심하고 걱정한 것 회개합니다. 용서해 주시옵소서, 믿고 합니다. 하나님 뜻대로 하옵소서. 마음을 정하고 나니 후련했다.

수술을 해야겠다고 달려갔더니 석 달 후에나 일정이 잡힐 것이라는 게 아닌가? 지난번 검진 때 권유를 받아들이지 않은 것이 후회막급이었다. 상담실에 갔더니 다행히 1달 후에 딱 하루가 비어 있어서 수술을 잘 받았다. 그 한 달 동안 얼마나 기도했는지, 내가 생각해도 기특하고 신기할 지경이었다. 하나님 뜻대로 하옵소서, 하오나 보고 살다 가게 허락해 주시면 고맙겠습니다. 이 기도만 계속 이어졌다. 막상 수술 당일이 가까워질수록 마음이 차분해지고 평온해졌다. 아주 편한 마음으로 수술대에 누웠다. 모든 것을 온전히 맡긴다는 기도로 정말 믿기 어려울 정도로 편안히 수술을 받았다. 하지만 혹시 내가 움직여서 일을 그르치게 될까 봐 수술을 잘 받을 수 있게 해 주시라고 열심히 기도했다. 얼마나 팔에 힘을 주었는지 수술대에서 내려오니 온몸에 힘이 좍 빠져나가는 기분이었다. 혈압이 내려가지 않는다고 한참 동안을 휠체어에 앉혀 놓고 3번이나 혈압을 체크했다.

모든 일은 순조로웠고 수술은 성공적이었다. 감사 기도를 드리고 또 드렸다. 날이 지나가면서 기도는 시나브로 시들해졌다. 하루에 4번씩 눈에 약을 넣고 조심을 하는 1달 동안은 약을 넣을 때만이라도 생각이 나서 진심으로 감사기도를 드릴 수 있었는데 그것도 끝낸 요즘은 하루 종일 한 번도 감사기도 드리지 않았음을 발견하고서야 회개하는 게 보통이 되어버렸다. 이렇게 조금만 지나도 언제 그랬더냐는 식으로 안면몰수를 하다니 기막힌 일이다. 도대체 어떻게 해야 이런 몰염치병을 고칠 수 있을까?

하나님 조금만 지나도 씻은 듯이 잊어버리는 이 악성 건망증의

바이러스를 퇴치할 수 있는 묘약이 없을까요? 매로 마옵시고 사랑으로 일깨워 주시옵소서. 아니 실천할 수 있도록 성령님의 도우심을 받는 복을 허락해 주옵소서. 지나칠 정도로 잘 보이게 된 눈처럼 심안도 열어 주시옵소서. 믿음의 영안도 열리게 해 주시라는 부탁을 드린다면 과욕이 되나요? 웬만하시면 그 복도 허락해 주시기 바라옵니다. 한 것 없고 염치없지만요. 갈급하지 않아도 매사에 기도하는 일을 생활화할 수 있게 도와주시옵소서.

2015. 6. 9.

정 장로님 머리 숙여 감사드립니다

정태일 장로님 고맙습니다. 바쁘신데 졸저를 세밀히 읽어주시고 격려의 말씀까지 주시니 몸 둘 바를 모르겠습니다.

아버지가 원래는 소년 때부터 기독교 신자였는데 중간에 당숙의 갑작스런 죽음으로 심한 충격을 받고 방황하다가 자신의 기도가 통하지 않았다는 사실에 너무 집착하던 중 금산사에서 그 당시의 유명한 학승이던 주지를 만나 선문답을 하다가 그만 실족하고 말았습니다. 청년 때 일이라는데 그것이 아버지 불행의 시작이었음을 제가 예수님을 만난 후에야 깨달았습니다. 하지만 아버지는 납북의 고초 앞에서 예수님을 다시 찾고 그 품에 안겼으리라 확신합니다. 아버지의 그때 그 믿음 덕으로 저도 하나님께서 찾아서 맞아 주셨으리라 믿고 있습니다. 하나님은 단 한 명도 자기 백성을 놓치지 않고 다시 찾으신다지 않습니까? 저는 그래서 이 믿음조차도 아버지가 예비해 주고 가신 선물이라고 생각하고 있습니다.

아버지의 큰 뜻을 조금이라도 펴 드리지 못해서 아쉬운 딸이지만 그나마 하나님 찾은 것 하나는 내세울 수 있으리라 생각하고 있습니다. 이 책에서는 아버지의 개인적 이야기를 되도록 적게 쓰고 개인사지만 공적인 면과 관계있는 쪽으로만 접근하느라 이런 부분은 아꼈습니다. 후일 제 자서전적 글에서 펴 보임으로써 복음 전파의 효과도 보고자 하는 것이 제 계획입니다. 종교적 입장에서는 아버지의 납북이 크게 보면 하나님께서 아버지의 영혼을 되찾아 오시려는 방법이 아닐까 하는 생각을 하고 있습니다. 믿지 않는 사람들이 들으면 광신자 같은 얘기라고 비아냥거릴지 모르지만 하나님의 크신 섭리 가운데 일어난 일이라는 생각이 들기 때문입니다. 그 구원에 감사드립니다.

장로님 고맙습니다. 아버지를 이해해 주신다는 데 감격해서 제 말이 너무 길어졌습니다. 과분한 칭찬 가슴에 새기고 열심히 쓰며 살겠습니다. 기도해 주시고 후원해 주시기 바랍니다. 정 장로님도 김 권사님과 함께 건강하시고 하나님 안에서 평강을 누리시기 바랍니다. 감사합니다. 안녕히 계십시오. 메르스도 하나님께서 해결해 주시리라 믿습니다.

오경자 올림

2015. 6. 18.

이렇게 좋은 것을

늙는다는 것은 나쁘기만 한 줄 알았는데 그게 아니다. 이렇게 좋은 점이 많은 것을 왜 진즉 몰랐을까? 나쁘다고 생각했던 것을 뒤집으면 하나같이 더할 수 없이 좋은 것으로 둔갑하니 희한한 일이다. 매사 생각하기 나름이지만 늙음에 대한 청승기야말로 어찌 보면 우스꽝스러운 일일 수 있다. 주름살은 보기만 해도 혐오스럽지만 한편으로 보면 살아온 흔적이니 정답게 보일 수도 있다. 주름이 심하게 지지 않았어도 어딘지 모르게 풋풋함이 사라진 나잇살 때문에 인상이 늙어 보여 속상하지만 경륜을 담고 있다고 보면 기분 괜찮은 일이다.

언제부터인가 이유 없이 속을 뒤집어 놓는 사람에게도 곱지 않은 시선을 보내지 않을 수 있는 여유를 갖게 되었다. 많이 부족한 사람이 능력에 맞지 않는 자리에 올랐다고 생각했을 때 공연히 화가 나던 객기도 힘을 잃었다. 그에게 경쟁심이라도 발동하면 머리카락 뿌리가 멍멍하게 아파 오기도 했는데 그런 일들로부터도 해방이 되었다. 부족하기 그지없다고 생각되는 사람이 잘난 척하고 휘

젓는 모양새를 보면서 느끼던 혐오감도 시나브로 없어졌다. 내 눈에 그가 부족해 보일 뿐이지 그는 그 나름대로 능력이 있겠거니 하는 이해심이 생긴 것이다. 세칭 유명하다는 여성들이 많이 참석하는 자리에 다녀오면 이유 없이 머리가 아파 와서 이상하게 생각하다가 원인을 찾아내고 실소를 금치 못했던 기억도 옛일이 되었다. 두통을 잘 모르는 체질인데 머리가 아파서 처음에는 원인을 몰랐으나 그런 일이 반복되면서 터득하게 되었다, 못난 질투심이 그 진원지라는 것을.

나이 들어가면서 이런 경지를 터득하게 하신 하나님께 감사드린다. 아마 내 힘으로는 불가능한 일이었을지도 모른다. 그전에는 교만이라는 낱말은 나하고는 상관이 없는 말이라는 생각을 굳게 믿고 있었다. 최소한 겸손이 부족한 경우야 있겠지만 교만한 못된 품성은 내게서는 찾을 수 없다는 자신감에 꽉 차서 살아왔다. 바로 그것부터가 교만이라는 자각을 성경을 읽으면서 여기저기서 깨지기 시작한 것이다. 그러면서 범사에 감사하게 되니까 비로소 교만이 보이고 겸손이 보이기 시작했다. 지인들이 크고 작은 상을 받는 일이 많아졌다. 나와 전혀 상관이 없는 분야에서 수상하는 분들께 훨씬 더 기쁜 마음으로 축하할 수 있음을 알아채는데 그리 긴 시간이 필요치 않았다. 이런 것이 질투심과 내가 더 잘한다는 교만이라는 것을 쉽게 수긍하고 손을 놓아 버릴 수 있음은 순전히 나이가 가져다준 선물이었다.

매사에 긍정적이고 감사한 마음이 샘솟듯 하는 이 기쁨을 어찌 다 설명할 수 있으랴. 다리가 조금 아프면 더 많이 아프지 않고 이 정도에 그치게 해 주셔서 다닐 수 있게 하심에 감사한다. 살이 자꾸 쪄서 걱정이 되다가도 튼튼한 위장을 주셔서 잘 먹고 소화 시켜 살이 찌게 하시니 감사하다는 기도가 절로 나오게 된 것도 나이 덕이다. 게다가 살이 찌는 것은 자신의 절제심 부족임을 절감하며 그 무모함에 속상하기보다는 그래서 사람이 아니겠는가 자인하면서 피식 웃을 수 있는 것도 작은 행복이다.

만사가 사랑스러움도 얼마나 큰 선물인가? 얼마 남았을지 모르는 시간이, 세월이 이렇게 소중하고 사랑스러울 수가 없다. 조금 남았으면 편안한 곳으로 빨리 가니 좋고 많이 남았으면 이 세상을 더 즐길 수 있어 좋은 일 아니겠는가? 그 기한을 모르는 것 또한 더없이 다행한 일이다. 미리 알면 일이 손에 잡히지 않을지도 모를 일이기에 하는 말이다. 욕심을 버릴 수 있음도 나이 덕이다, 이렇게 좋을 수가 없다. 어느 정도 하고 싶은 일 다 해 보았으니 어지간한 일에는 욕심을 부려 허겁지겁하지 않을 수 있는 것도 세월이 가져다준 선물이다. 새로운 일에 야망을 키우지 않으니 허덕이며 애를 쓸 일이 그리 많지 않으니 초연해질 수 있게 되었다. 어차피 성취해야 할 일에 연연하지 않을 수 있는 것은 시간이 얼마 남지 않았다는 자각에서 비롯됨이니 이 또한 나이 덕이다.

사람을 좀 더 사랑하고 세상을 더 넓게 보고 마음껏 즐기자. 나쁜 일보다 좋은 일이 더 많은 이 좋은 세상을 사랑하자. 황금 같은 시간을 삭은 이 아끼듯이 좋은 것에만 쓰며 살자. 훗날 회한의 눈물 흘리지 않게 옳고 좋은 일에만 아낌없이 쓰면서 살자. 사랑하기에도 부족한 세월이었으니 미움에 시간을 낭비하지 말라는 선인들의 유언을 깊이 새겨볼 일이다.

남편을 보낸 후 왜 그를 더 인정해 주지 못하고 항상 부족한 부분만을 바라보고 고쳐보려 안간힘을 썼던가 후회하면서 미안했던 일을 기억해서 두 번은 그런 실수를 하지 말자. 사람은 바뀌지 못한다. 아니 상대를 바꾸려는 그 생각 자체가 교만이다. 그는 그일 뿐인데 왜 내 눈에 맞춰 바꾸려 한단 말인가? 이렇게 세상일을 내려놓고 나니 만사가 좋아 보인다. 이렇게 좋은 것을 왜 일찍 몰랐던가? 아아, 아니다. 이제라도 알게 하시니 얼마나 고마운 일인가? 그래 모처럼 얻은 행운을 놓치지 말고 만끽하자. 문제는 모두 내게 있지 다른 사람에게 있지 않다.

내가 변하면 되고 내가 손을 놓으면 그만이다. 이렇게 좋은 것을 왜 그토록 움켜쥐고 미련을 떨었단 말인가. 손아귀가 얼얼하도록 꼭 틀어쥐고 있던 아집과 욕망을 놓아 버리고 사슬에서 놓여났으니 두 번 다시 그런 올가미에 걸려들지 말고 자유를 만끽하며 언제일지 모를 떠나는 날까지 훨훨 날며 살아보자. 이렇게 좋은 걸, 이렇게 좋은 걸, 이 노래만 입에서 놓지 말고 흥얼거리며 살아보자.

2016. 1. 2.

멋쟁이 목사님

기득권을 내려놓는다는 것이 얼마나 어려운지는 내키지 않지만 어쩔 수 없이 내려놓아 본 사람만이 알 수 있는 일 아닐까? 아무것도 모를 것 같은 어린 아기도 손에 쥔 것을 뺏으려 하면 더 움켜쥐고 빼앗기지 않으려 안간힘을 쓴다. 어쩌면 쥐는 것이 인간의 본능일지도 모를 일이다. 험한 세상 잘 살아 보려고 두 주먹을 불끈 쥐고 태어났다가 한평생 애쓰고 살다 보니 세상이 애쓴다고 꼭 잘 살아지는 것이 아니라는 것을 터득한다. 그래서 세상을 떠날 때는 주먹을 풀고 두 손을 쫙 펴고 편안히 떠난다면 지나친 비약이 되려나? 사람은 불행하게도 두 손을 온전히 놓았을 때 의외로 얻어지는 것도 많고 편안하다는 진리를 깨닫지 못하고 살아간다. 좀 복이 있는 사람은 중요할 때, 또는 생을 마감할 무렵에 그 진수를 알아차리고 조금이나마 그 복을 누리는 경우가 있다.

문을 열고 들어서자 바로 앞에서 작은 원탁이 손님을 맞는다. 작은 의자 4개가 간신히 놓이고 안쪽으로는 아주 작은 소파형 헝겊 의자가 놓여 있다. 벽면은 빼곡하게 책이 꽂혀 있어 방 주인의 면

모를 가늠해 보기에 충분했다. 그 뒤쪽으로 집무책상이 놓여 있는 작은 공간을 합해 매우 좁다는 느낌을 주는 이 방이 5,000명이 넘는 등록교인을 가진 큰 교회의 당회장 방이라니, 얼른 믿어지지 않는다. 40년 가까이 출석하는 은퇴 권사인데도 처음 들어와 보는 좁은 방이 생소하고 가슴이 뭉클했다.

35년을 봉사하신 전임 목사님을 원로목사님으로 모시고 후임 목사님을 모셔왔으나 여러 사정으로 1년 남짓 후에 다시 떠나고 그 후임으로 모셔온 새 목사님이 지금 이 방의 주인이다. 1층 로비를 교인들의 교제 공간으로 만드는 교회 리모델링 공사를 시작하면서 자신의 당회장실을 아주 좁게 만들고 여러 공간을 효율적으로 재배치해서 멋진 휴게실을 만들겠다는 계획을 발표한 것이 지난 1월이다.

깜짝 놀라게 넓어진 로비를 보며 교인들은 눈이 휘둥그레졌다. 이 넓은 공간을 어디서 줄여서 만들어 냈을까 의아했는데 오늘 들어와 보니 당회장실을 파격적으로 줄여 버린 것이 아닌가? 측량한 바 없지만, 눈짐작으로 25% 정도만 자신의 공간으로 남기고 몽땅 내놓은 것 같다. 교인들을 고르게 낯익힐 때까지는 개별 면담을 안 하겠다는 방침을 설교 중에 밝히면서 양해를 구할 때 멋지다고 생각했지만, 오늘 보니 진짜 대단한 멋쟁이가 아닐 수 없다. 담당 부목사님을 통해서 모든 일을 진행하는 고집도 대단하다. 물론 찬반 양론이 있긴 하겠으나 권위적으로 직접 만나지 않는 것과는 차원이 다른 진심 어린 권위 내려놓기이니 찬성의 박수를 보낼 수밖에.

한국크리스천문학가협회 여름 세미나 장소로 교회사용을 허락받는 과정도 모두 담당 부목사를 통해 체계적으로 진행하는 데 아무 문제도 없었다. 처음에는 직접 말 못 해서 섭섭했지만, 곧 이해하는 마음으로 편하게 처리했다. 오죽하면 저토록 철통같은 보안(?) 차원의 대인관계를 유지해야 한다고 생각했을까? 하는 연민의 정으로 목울대가 울컥해지기도 했다. 식당에서 직접 줄을 서 순서를 기다렸다가 자신의 차례가 되어야 국밥 한 그릇을 받아들고 식탁으로 가서 성도들 틈에 앉아 즐겁게 식사하며 파안대소하는 젊은 목사의 모습, 바로 은혜요 본보기가 아니고 무엇이랴. 어찌 보면 당연해야 할 이런 일들이 생소하다 못해 은혜롭게 보이는 것이 오늘 우리들의 불행이라면 지나친 폄하가 되려나?

국회의원들이 특권을 내려놓겠다고 요란스럽게 떠들면서 표를 달라고 하더니 왁자지껄 끝에 대표 선수가 결정되고 20대 국회라는 것이 문을 열었다. 그 개장 후 한 달도 되기 전에 이미 백성은 지칠 대로 지쳐서 더 이상 그들에게 실망할 거리들이 남아 있지 않은 것 같은 상황에까지 내볼리고만 암담한 오늘이다. 세미나 주최 대표자들을 모시고 금단구역 당회장실을 들어선 순간 받았던 신선한 충격은 감사 그 이상도 이하도 아니었다. 이런 멋진 분들이 곁에 있는 한 우리는 희망이 있다. 예수님은 여러 모습으로 우리 생활 속에서 살아 역사하신다는 확신은 가슴 뿌듯한 일이다.

마음의 고대광실을 가질 줄 아는 멋쟁이 목사 배요한, 그는 분명 우리 역사 어느 한구석을 실로 멋지게 바꾸는 일을 지금 무언으로 하고 있는 것이다. 나도 멋쟁이가 되고 싶은데 무엇부터 내려놓을까 심사숙고해 볼 일이다. 아마도 버릴 것이 없다고 버티는 교만을 뽑아 버리는 것이 최우선이 아닐까 싶은데 잘 될지 모르겠다. 그래 기도해야지, 도와주시라고.

2016. 7. 10.

특별한 점심

세상을 살아가는 동안 크고 작은 감동을 맛보며 희열을 느낀다. 그 감동이라는 것이 묘해서 똑같은 상황에서도 누구는 느끼고 누구는 무덤덤하게 지나기도 한다. 다분히 주관적이라는 말이 되는 셈이고 그 감동 또한 천차만별이다. 중요한 것은 감동은 사람에게 살맛을 안겨주고 그 여파는 세상을 훈훈하게 하는 원동력이 된다는 사실이다. 이 좋은 선물을 많이 받으려면 마음을 활짝 열고 매사를 긍정적으로 보면 된다.

우리 교회 기도원이 어느새 개원 10주년이 되었다. 강원도 홍천이라 자주 가지는 못해도 가기만 하면 마음부터 편안해지는 곳이다. 수목장지까지 마련하려던 당초 계획은 지역 주민들의 극렬한 반대로 물거품이 되었지만 수련회와 기도 장소로 자주 이용하는 곳이다. 세상일 쫓아다니기 바빠서 기도회 등에 자주 못 가 마음에 걸렸는데 마침 방학 중이라 기념 예배를 드리러 따라나섰다. 한강을 끼고 가는 길이 아름답고 시원한 냉방차에 앉아 가노라니 상쾌하기 그지없다.

예배를 마치고 식당에 내려가 배식 줄에 서서 무심히 기다리다 차례가 되어 접시를 들고 앞을 보는 순간 접시를 떨어뜨릴 뻔했다. 담임목사님이 부목사들과 함께 한 줄로 늘어서서 뷔페 음식을 성도들의 접시에 담아주고 서 있는 게 아닌가? 아니 우리가 목사님들을 대접해야지 이 무슨 해괴한 일이란 말인가? 목사님 자리 바꾸시죠, 나도 모르게 입을 밀고 올라온 외마디 소리다. '아아, 당연히 우리들이 모셔야지요.' 당회장 목사님과 부목사님들이 합창하듯 말하며 사랑 담긴 미소와 함께 접시에 떠 올리는 음식은 그야말로 성찬이었다.

기도원장으로 수고하시는 박 장로님의 부인 이문자 권사의 음식 솜씨가 탁월하기도 하지만 오늘은 특별한 점심을 먹는 행복한 날이다. 그런데 이런 일로 이렇게 감동을 받는 것이 좋은 건지 안 좋은 현상인지 모르겠다는 데 생각이 미치자 좀 착잡해진다. 우리 교회 오신 지 3년이 좀 지난 저 젊은 당회장 목사님께 받은 감동이 오늘로 세 번째인데 처음은 주일 식당에서 직접 성도들 틈에 줄을 늘어서서 국밥을 손수 받아들고 무리에 섞여 앉아 수저를 드는 모습을 대할 때였고, 두 번째는 당회장실을 다 내놓아 1층 로비에 넓은 카페 '물댄동산'을 만들었을 때였다. 자신에게 허락된 공간을 많은 사람을 위해 내놓고 당회장실을 아주 좁게 꾸리는 모습은 진정 감동 이상의 충격이었다. 그리고 오늘의 배식 목사의 모습으로 우리 앞에 선 것이다.

이런 일련의 일들이 왜 이렇게도 큰 감동으로 머리를 한 대 얻어맞은 것 같을 정도의 파장을 일으키는 것인가? 답은 우리 모두 가슴 속으로만 하기로 한다. 음식 접시를 식탁에 놓고 열심히 사진을 찍었다. 배식하는 그 귀한 목사님들의 모습을 오래 남기고 싶어서였다. 얼굴이 자꾸 가려져 잘된 사진을 건지기 어려웠지만 음식이 식어도 즐겁기만 하다. 그래 오늘 점심은 숭고한 사랑을 한 접시 먹는 것이다.

예수님은 이 땅에 섬기러 오셨다고 분명히 말씀하셨다. 몸으로 보이신 오늘의 우리 목사님들 가르침을 그대로 실천해야 한다. 하나님 앞에 솔직히 자신을 숨김없이 내놓고 정말 그 모습 그대로 얼마나 세상을 섬겼는지 회개부터 해 볼 일이다. 부끄럽다. 말로만 마음을 비우고 산다, 하지만 사실은 대접받고자 하는 마음으로 가득 차 있는 것이 내 모습이다. 그래 올해가 종교개혁 500주년 기념해인데 마음속부터 개혁하자. 남의 눈에 티보다 내 눈의 들보부터 빼고 보자. 아주 빼기야 어렵겠지만 노력하노라면 조금은 나아질 것 아니겠는가? 기도원은 역시 오기만 해도 복을 받는 곳인가 보다. 이렇게 대견한 깨달음을 선물로 받았으니 이보다 더한 복이 어디 있으랴. 남은 생애 누군가에게 깊은 감동을 안겨주는 일을 많이 할 수 있게 해 달라는 기도를 잊지 말게 해주시라고 되뇌며 달리는 귀경길은 한층 아름답다.

2017. 7. 29.

3

나의 인생 나의 문학

어릴 적 신앙

세 살 버릇 여든 간다고, 어릴 적 교육이 얼마나 중요한 것인가는 어른이 된 후에야 절감하게 된다. 그 버릇이라는 것이 저절로 생기는 것이 아니라 어른들의 행동거지를 그대로 보고 닮아가면서 생긴다는 사실을 우리는 머리로는 잘 알면서도 일상생활에서는 아이들을 전혀 의식하지 않은 채 방만하게 살아가기 일쑤이다. 고집을 부리는 것이나 일을 제때 하지 않고 미루는 것이나 늦잠을 자는 것이나 좋고 나쁜 습관들이 제 부모를 신기하게도 쏙 빼닮는다. 물론 유전 인자라는 것도 영향이 있겠지만 대부분 후천적으로 생활 속에서 자연스럽게 따라 하다가 버릇이라는 것으로 굳어 버리게 되는 것이다. 신앙 또한 예외가 아니어서 어린이들의 교회학교 교육이 아이들의 장래를 좌우하게 되는 것 같다.

아이들 교회에서 교회학교 어린이 교육대회가 있다고 아이들을 좀 데려가고 오고 해 달라는 며느리의 부탁이다. 아이들 재롱을 볼 수 있다는 기대감에 선뜻 대답을 했다. 우리 다니는 교회가 집에서 멀기에 아이들을 동네 교회로 옮긴다는 것을 말릴 수 없어 부득이 서로 다른 교회를 섬기고 있다. 손자가 우리와 같은 교회에 다닐 때 크리스마스 전야제 유아부 어린이 순서에 나와서 예수님 오신 것을 축하드린다고 큰 소리로 말하며 재롱을 부리는 바람에 온 교인들의 인사도 받는 재미를 보았는데 딴 교회로 떨어져 나가서 그런 기쁨도 없고 허전하던 차에 우리에게 데리고 가라니 공연히 신이 난다.

교회학교 경험이 없는 나는 손자가 처음 성경암송대회에 나간다고 할 때 얼마나 흥분이 되었던지 마치 내가 여학교 시절 웅변대회에 끌려나갈 때의 기분이 들어 초조하기 그지없었다. 웅변의 웅자도 모르던 소녀가 반대표니까 어쩔 수 없이 나가서 서 있다가 들어오기라도 하라는 담임 선생님의 엄명을 거역할 수 없어 밤새워 웅변 원고라는 것을 쓰고 전교생 1400명이 모인 강당에서 강단에 올라섰을 때는 떨 여유조차 없었다. 청중을 사람이라고 의식하지 말고 눈을 감은 기분으로 할 말만 하고 내려오라던 공민 선생님 말씀만 기억하며 웅변을 끝냈던 기억이 나서 손자가 안쓰러워지기도 했다.

5살짜리 아이는 성경 구절을 암송하는 일이 재미있는지 제 엄마가 하라는 대로 잘 따라 해주었다. 대회 날도 잘했다고 하더니 상을 받아 왔다. 대견하고 감사해서 눈가가 촉촉해지기도 했던 것이 벌써 6년 전 일인가보다. 그다음에는 고린도전서 13장을 암송했는데 흡족한 성적을 거두지 못해 아쉬웠다. 제 엄마가 벽에 써서 붙여준 내용이 본문과 다른 곳이 한 군데 있어서 그만 감점이 된 것이다. 상이 중요한 것이 아니라 이 성경 말씀을 평생 가슴에 담고 사는 것이 예수님이 바라시는 것이라고 아이를 위로했다. 오히려 아이는 담담한데 어른이 더 섭섭했던 것 같다.

약간 부끄러움기가 있어 좀 쭈뼛거리는 인상이 있는 제 오빠와는 달리 손녀는 생각보다 당돌하게 연기도 잘하며 낭송대회에 나가 상을 타온다. 4살 때부터 나간 성경암송대회에서는 시편 1편을 줄줄 외워서 우리를 기쁘게 하더니 작년부터는 성경이야기대회에 나가 동화 구연 식으로 깜찍하게 이야기를 들려주었다. 목소리 연기는 물론이고 몸짓까지 잘도 했다. 제 손녀 자랑한다고 폄하해 버린다면 할 말은 없지만 대상 트로피를 안고 온 그 아이는 반짝이는 보석이었다. 올해는 솔로몬의 이야기를 준비했는데 감기에 걸려 고전 중이라 걱정이다.

아이를 데리고 대회 장소인 예비군 훈련장으로 갔다. 학교에서 하던 행사를 군부대에서 하게 되니 실내가 아닌 야외라 좀 산만했다. 우선 목소리가 작은 아이들이 마이크도 없이 이야기를 해야 되는 데다가 사방이 툭 트인 넓은 공간도 부담이 되었다. 엄마가 순서 1번을 제비 뽑는 바람에 손녀는 마음의 준비를 제대로 할 사이도 없이 앞으로 나가야 했다. 다행히 당황하지 않고 두 손 모은 인사도 잘하고 솔로몬의 이야기를 아주 자연스럽게 잘 이어갔다. 중간에 잠깐 막혀서 제 엄마 얼굴을 한번 슬쩍 보더니 이내 생각이 났는지 잘 이어 나갔다. 천연덕스럽게 위기도 이겨내면서도 몸짓과 목소리 연기를 당차고 앙증맞게 잘해 나갔다. '그으 아아이르을 저어 여어인에게 주우어라아 그가 친 어미니라아아~' 하는 대목에서는 눈이 마주치면 아이가 실수할까 봐 얼른 눈을 내리깔았다.

'이야기를 다 한 후에 여러분들도 솔로몬 왕처럼 지혜를 달라고 기도해 보세요. 이루어 주실 거예요.'라는 당부까지 잊지 않는 아이를 끌어안고 잘했노라 칭찬하며 감사했다. 가슴을 펴니 시선 끝자락에 북한산이 걸려 있다. 구름이 한가로이 흘러가는데 산이 마치 아이를 치하하며 잘했다고 끄덕이는 것 같다. 다음 차례 아이들의 발표를 다 본 후에 자리를 떴다. 팔이 안으로 굽어 그런지는 몰라도 내 아이가 제일 잘한 것 같아 기분이 좋았다. 한 번 막히기는 했지만 다른 아이도 비슷했을 뿐만 아니라 몸짓이나 목소리 연기 등의 면에서 탁월했기에 최고 점수를 받으리라는 자신감을 갖고 집으로 왔다.

저도 다 마치고 나니 홀가분한지 아이는 마냥 즐거워하며 잘 논다. 대회가 끝날 시간이 되어 갈수록 궁금해져서 자꾸 전화만 쳐다보고 있는데 아이가 2등이라고 며느리가 전해왔다. 그 말을 전해 들은 아이는 그러면 1등은 누구냐고 차분히 묻는다. 네 다음 아이인가 보다, 했더니 그 아이는 몸짓과 목소리 연기를 하나도 하지 않았는데 왜 자기보다 잘했다고 할 수 있느냐고 조목조목 연유를 설명하며 부당하다는 뜻을 밝힌다. 아이의 기대가 너무 큰 것을 짐작한 나는 얼른 진화에 나섰다. 네가 중간에 잊어버려서 그런가 보다 했더니 그 아이는 더 많이 잊어버렸다가 하곤 했다고 응수한다. 전화로 들은 것이라 잘못 들었는지도 모른다고 얼버무려 놓고 다른 아이들을 하나하나 그 애가 잘했나 보다라고 해 보았다. 그때마다 손녀는 차근차근 그 아이의 부족한 점을 대는데 7살짜리 아이라고는 믿어지지 않을 만큼 논리정연하다. 제 엄마하고 얘기하며 딴짓

하는 것 같았는데 제 경쟁자들의 일거수일투족을 하나도 놓치지 않고 정확히 관찰하고 채점하고 있었다. 할 수 없이 그래 네가 1등인데 할머니가 2등으로 잘못 들었나 보라고 미안하다며 잘했다고 칭찬하는 것으로 아이의 마음을 누그러뜨렸다.

2주일 후에 아이는 2등인 최우수상을 받아 왔다. 그것 보라고 1등이라고 추켜세우는 내게 그런데 트로피가 왜 없느냐고 묻는 것이 아닌가? 나는 어디 심사하러 가서 정말 잘해야겠구나 싶었다. 특히 아이들의 경우는 더욱 신경을 써야겠구나 하는 생각으로 한동안 말을 잃었다. 심사위원의 눈이 정확했으리라고 믿지만 많은 생각을 하게 하는 일이 되었다. 아무튼, 손녀가 부럽다. 이번 발표를 위해 준비한 그동안의 과정이 저 아이의 일생 동안 얼마나 큰 재산이 되겠는가 말이다. 부디 제가 잘했는데 억울하다는 기억일랑 남기지 말고 솔로몬의 지혜만 기억하고 솔로몬처럼 기도하고 살겠다는 다짐만 가슴속에 잘 품고 사는 복을 누리게 해주시라고 기도한다. 아이들의 신앙생활 지도를 잘 하고 있는 며느리가 예쁘고 고맙다. 신앙교육의 이런 과정이 중요한 것인데 공연히 등수에 신경을 쓴 자신이 부끄러워진다. 어릴 적 신앙의 바탕이 없어 이러는구나 싶으니 아이들이 더 부러워진다.

2009. 6.

언제나 할 수 있을까

지하도에 내려서는데 한 남자가 쓰러져있다. 어머나 저기 사람이 쓰러져 있네, 마음은 가서 흔들어 보고 싶은데 몸은 움직여지지 않는다. 혹시 죽었으면 어떻게 해, 그러니까 더 빨리 움직여 봐야지, 이런 생각들이 반복적으로 얽힐 뿐 몸이 말을 듣지 않는다. 그러는 사이 얼른 비켜서 옆을 지나치고 말았다. 이러면 안 되는데, 오늘도 또 약속을 지키지 못했다는 회한이 남으면서도 영 다시 돌아서지 못하고 혹시 다른 사람이 누가 그를 일으켜주기를 바라며 두리번거리기만 했다.

몇 달 전 남편이 길에서 혼자 쓰러졌을 때 지나가던 젊은 여자 두 분이 119에 연락해서 응급실에 실려 가 치료 받고 위기를 넘길 수 있도록 도와주었다. 병원으로 달려가 그 말을 듣고 그분들을 찾으려고 백방으로 노력했으나 알 길이 없었다. 그때 이 은혜를 갚는 것은 앞으로 같은 어려움을 당한 사람을 볼 때 그 전처럼 외면하지 말고 꼭 그 여인들처럼 실천하리라고 다짐했건만 아직도 이 모양이다.

주님은 말씀하신다. 대체 언제나 돼야 약속을 실천할 수 있겠느냐고, 아직도 사랑이 없어서 이토록 모질게 냉정할 수밖에 없는 것은 주님 가르침을 따라 할 수 없는 불신앙 때문이다. 아무리 모든 일을 다 한다 해도 사랑이 없으면 아무 소용이 없다고 하셨는데, 사랑한다고 입으로는 말하면서 마음은 전혀 변하지 못하고 바뀌지도 못하고, 어쩌면 변하고 싶은 생각조차 없는 것은 아닌지 모르겠다. 주님은 우리 죄를 위해 대신 당신의 몸을 통째로 주셨는데 우리는 아주 작은 것도 드리지 못하고 인색한 것이다. 어느 소자에게 한 것이 바로 내게 한 것이라고 하신 주님의 말씀을 감격하며 읽고서도 그때뿐이다.

주님, 이 부활의 아침에 저를 변하게 도와주시옵소서. 제발 선한 사마리아인의 행적을 따라 해 보겠노라는 그때의 약속을 저도 지키게 도와주시옵소서.

2011. 3.

가슴으로 믿는 것

신앙이란 무엇일까?

조건 없이 믿는 것, 구원을 받기 위해 믿는 것, 아니 구원을 확신하는 그 자체가 믿음이 아닐는지. 구원의 확신이 있다면 어떤 유혹이나 환란이 온다 해도 그 믿음을 포기할 수 없을 것이다. 반드시 죽을 것인데 그 후에 지옥이 아닌 영생의 구원이 있는데 잠깐의 고통을 못 견뎌 그 큰 것을 버릴 수 없기 때문이다. 구원이 가까워질수록 그 구원을 받지 못하도록 방해하는 세력이 온 힘을 다해 성도를 넘어뜨리려 온갖 짓을 다 할 것이니 넘어지지 말고 믿음을 굳게 지킬 것을 가르치고 또 가르쳐서 구원에서 제외되는 비극이 없도록 하기 위해 바울 사도는 사랑의 마음으로 데살로니가 후서를 쓰고 있다.

환란과 핍박 중에도/ 성도는 신앙 지켰네/ 이 신앙 생각할 때에/ 기쁨이 충만하도다/ 성도의 신앙 따라서/ 죽도록 충성하겠네

이 찬송가의 가사처럼 정말 어떤 환란과 핍박이 와도 모든 신앙을 굳게 지킬 수 있을까? 그저 불러왔을 뿐이지 내게 그런 상황이 닥친다면 어쩔 것인가를 심각하게 생각해 보지 않았다는 것이 솔직한 고백이다. 감사할 일이 있을 때 미처 느끼지 못하고 그냥 지나치거나 제가 잘해서 잘된 것이거니 착각할 때도 많지만 평탄하거나 잘 나갈 때야 신앙을 놓칠 위험은 그리 많지 않다. 하지만 극한 상황에 처하거나 오랜 시련이 계속될 때 자칫 신앙에 회의를 느끼기 쉽다.

아버지는 당숙과 나란히 손 잡고 예수님을 아주 잘 믿었다. 그러던 중 당숙이 병이 들었는데 원인도 알 수 없고 백약이 무효였다. 드디어 아버지는 작정하고 산 기도를 했다고 한다. 백일 기도였는지는 확실히 모르겠으나 환란 날에 나를 부르고 부르짖으라 내가 들으리라는 말씀을 굳게 믿고 전심으로 기도했으나 끝내 당숙은 회생하지 못하고 하늘로 갔다. 아버지는 회의에 빠지고 내가 분명히 하라고 하신 대로 다 했는데 이게 웬일이냐며 실의에 빠져 방황했다. 끝내 신앙을 놓치고 말았다. 그 일로 해서 당고모는 자기 오빠 때문에 주의 종 감이라는 평을 받던 사촌오빠가 실족했다며 평생을 우리 집의 구원을 위해 기도했다. 바울 사도의 당부를 조금만 깊이 새겼더라면 아버지의 불행은 막을 수 있었을 텐데 애석하게도 아버지는 그 고비를 넘기지 못하고 넘어지고 만 것이다.

아버지에게 구원의 확신이 있었더라면 그런 불행은 없었을 텐데 안타까운 일이 아닐 수 없다. 끝내 다시 돌아오지 못하고 아버지는 6.25 때 납북되어 생사를 모른다. 당고모의 기도와 끈질긴 전도에

끝까지 응하지 않던 내가 예수님을 영접한 것은 그 어른이 하늘 가신 지 2년 후였다. 한번 택한 백성을 절대로 놓지 않으신다는 것과 환란이 복이 된다는 것을 알게 된 후로 아버지가 자신의 고난 중에 틀림없이 믿음을 다시 찾고 예수님께 돌아가 회개의 눈물을 흘리셨으리라는 것과 구원을 받아 하늘나라에 들어가는 행운을 누렸을 것이라는 확신을 갖게 되어 마음속에서 아버지에 대한 걱정은 없어졌다. 요즘에는 아버지에게 납북이라는 비극이 오히려 영혼 구원의 기회가 되었을 수도 있으니 하나님의 사랑이 오묘하시다는 생각을 할 때가 많다.

예수님을 영접만 했지 제대로 예수님 따라 사는 일에는 낙제점을 면하기 어려운 처지임을 잘 아는지라 두렵기 그지없다. 크게 노력하려고 애써 보지도 못했고 그저 그런대로 하루하루 살아가고 있다고 함이 옳은 것이 내 모습이다. 예수님 우수한 제자의 반열은 아니더라도 제발 믿음의 끈은 놓치지 않고 살다가 아버지께서 부르시는 날 건강한 몸으로 뛰어 들어가는 복을 허락해 주시옵소서. 아멘.

이 소망이 이루어질 것을 믿게 하시려고 바울 사도는 데살로니가 교회에 열심히 쓰고 있다.

주께서 사랑하시는 형제들아 우리가 항상 너희에 관하여 마땅히 하나님께 감사할 것은 하나님이 처음부터 너희를 택하사 성령의 거룩하게 하심과 진리를 믿음으로 구원을 받게 하심이니/ 이를 위하여 우리의 복음으로 너희를 부르사 우리 주 예수 그리스도의 영광을 얻게 하려 하심이니라/ 그러므로 형제들아 굳건하게 서서 말로나 우리의 편지로 가르침을 받은 전통을 지키라/ 우리 주 예수 그리스도와 우리를 사랑하시고 영원한 위로와 좋은 소망을 은혜로 주신 하나님 우리 아버지께서/ 너희 믿음을 위로하시고 모든 선한 일과 말에 굳건하게 하시기를 원하노라.(살후 2:13~17)

신앙이란 무엇일까? 그냥 믿는 것이다. 믿으라 하시니 그냥 무조건 믿는 것이다. 구원받기 위해 머리로 말고 가슴으로 믿는 것이다.

2015. 8. 19.

이번에도 또

이번에는 정말, 무슨 일이 있어도 꼭 참석하리라고 다짐을 거듭하면서 일찍 신청을 했다. 주일 예배를 거르지 않는 것만으로 무슨 벼슬이라도 한 양 흡족해하는 정도의 믿음 생활을 하는 게 마음에 걸렸다. 반성하면서 큰마음 먹고 올해는 홍천 기도원에서 열리는 전 교인 기도회에 참석하기로 결심한 것이다. 다른 일에 밀리지 않으려고 신청이 시작되자마자 선뜻 신청을 해 놓았다. 오래간만에 기도 한 번 집중해서 하리라는 마음에 가슴이 설레기도 했다. 2박 3일이니 금년 휴가는 그것으로 하면 된다는 생각까지 했다.

크고 작은 일들이 기다렸다는 듯이 하필이면 그 날짜에 겹쳐서 일어나게 된다며 참석을 종용하기 시작했다. 이번에는 안 된다, 그 날은 안 된다, 모질게 마음먹고 모두 잘라내는 데 성공했다. 한 열흘쯤 이렇게 고군분투하며 잘 버텨냈는데 드디어 큰 시련이 닥쳐왔다. 대외적인 야외 행사에 일정이 괜찮다고 다 맞추어 놓았는데 서로 연락하는 도중에 혼선이 있어 지금 와서 보니 날짜가 딱 기도회 한가운데 날이다. 큰 행사에 해야 될 역할이 있으니 만약 못 가면 행사를 망치게 만들어 버리는 형편이 되었다.

믿음이 좋은 사람이라면 이런 일에 고민하지 않고 기도회에 당연히 갈 것이다. 그런데 믿음 수준이 거기 못 미치는 이 못난 아낙은 고민에 빠질 수밖에 없었다. 하나님과의 약속이 우선이지 무슨 딴 생각이냐, 세상일에서도 덕을 보여야 하는 것이 기독인의 모습인데 신용 없이 큰 행사를 망치게 해서 입줄에 오르내리는 것은 하나님을 욕되게 하는 짓이다, 믿음을 지키기 위해 목숨도 내놓는 것인데 그까짓 약속 파기 정도를 놓고 고민하는 것 자체가 웃기는 일 아니냐? 그래도 대외적인 큰 행사인데 어떻게 그렇게 무책임하게 할 수 있느냐? 마음속의 줄다리기가 한 주일이나 계속되다가 드디어 현실에 손을 들고 하나님께 양해를 구하는 것으로 결론을 내렸다. 이유는 여러 가지가 있겠으나 솔직히 말하면 하나님께 우선순위를 두지 못하는 내 어설픈 믿음 수준 탓이다.

언감생심 순교를 입에 담을 수는 없지만 이런 작은 일 하나에도 하나님께 이토록 인색하면서 무슨 염치로 구원은 당연히 받았다고 믿고 있는지 한심한 일이다. 이런 정도의 믿음이라면 목숨을 내놓아야 하는 상황이 온다면 당연히 물러서 버릴 것이 뻔한 일 아니겠는가? 편안한 상황에서 주일이면 교회에 나가 예배를 드리고 오는 것으로 할 일을 다 했노라 방심하고 사는, 그야말로 주일 신자의 전형이 바로 지금의 모습 아닌가 싶어 송구스럽다. 정말 환란이 닥친다면 주님을 꼭 붙잡고 배교하지 않을 자신이 있는가? 자신이 없다. 아직도 멀었다. 바라기는 예수님의 사랑으로 그런 극한 상황에 처하지 않고 하늘나라에 불려 올라갔으면 좋겠다는 것이 솔직한 심정이다.

그런 엄청난 환란이 아니더라도 아주 작은 일에서나마 주님 일을 우선적으로 해 보려 안간힘을 썼건만 이번에도 또 세상일에 우선순위를 내주고 만 이 참담한 심경을 어떻게 해명하고 회개해야 할지 민망하고 송구해서 고개를 들기 힘들다. 자꾸 부끄러워지는데 또 이런 일이 생기면 또 이렇게 하고 말 것 아닌지 그것이 관심사다. 제발 믿음이 좀 자라서 다음에는 '이번에도 또'가 아니라 '이번에는 해냈다'가 되면 얼마나 좋을까?

2015. 8. 24.

정직하냐 너는

정직해야 한다, 어느 부모인들 사랑하는 자식에게 정직하라고 가르치지 않으랴. 과연 그들은 정직한가? 아니 멀리 갈 것 없다, 나는 정직한가? 가슴에 손을 얹고 생각해 보지 않아도 솔직히 마음을 열고 생각해 보면 잠깐 동안에만 해도 수없이 많은 부정직한 자신의 모습이 떠오른다. 만약 그렇지 않은 사람이 있다면 대부분 적용하는 잣대가 너무 느슨한 이유일 것이다. 우리는 대부분 정직의 기준을 거짓말하거나 속이거나 하는 적극적 부정행위에만 국한하는 경우가 많다. 내 것이 아닌 것을 가져오면 당연히 정직하지 못한 짓이고 절도라고까지 알고 있으면서도 사무실의 작은 펜이나 종이 몇 장을 가져오는 것은 전혀 그런 부정직한 것들과 상관없는 그냥 일상으로 생각하고 있는 것은 아닌지 지금 당장 생각해 보자. 모르긴 해도 자유로울 수 있는 사람이 그리 많지 않을 것이다. 나 또한 자유롭지 못함을 고백할 수밖에 없어 부끄럽다.

어느 선배의 회고가 떠오른다. 꼿꼿하신 H선생님의 조교 일을 아르바이트로 하며 공부할 때였다. 무심코 시험답안용지를 연습장 삼아 쓰다가 어느 날 선생님께 그런 종이쪽을 들고 무엇인가를 보고하던 중이었다. '자네 그 종이 무언가?'라는 질문에 '아아, 네 제가 몇 가지 적어 본 것입니다.' 하며 자랑스럽게 선생님께 드렸다. 내용을 살펴보시지도 않고 종이를 면상에 던지다시피 건네시며 벽력같이 소리를 지르셨다. 이 종이가 학교 것이지 네 것이 아닌데 어찌 함부로 개인용으로 쓴단 말이냐, 내게서 그것 하나도 못 배웠다면 내 제자가 아니니 썩 나가라는 엄명이 떨어졌다. 그 길로 그 연구실에 다시는 한 발짝도 들어설 수 없었다. 그때는 우선 아르바이트 자리가 떨어져 나간 것이 안타깝고 아쉬울 뿐이었다. '한술 더 떠서 그까짓 종이 한 장 가지고 쩨쩨하게 구는 선생님이라면 나도 그 밑에서 더 이상 일하고 싶지 않다는 서운함 뿐이었다.'고 회고하는 그 선배는 스무 살 때 자신의 미욱함을 깨닫는데 한 30년 걸린 것 같다며 씁쓸하게 웃었다. 이순을 바라볼 때쯤 되어서야 그 선생님의 가르침이 가슴을 치더라는 노 선배의 말이 남의 말처럼 들리지 않는 것은 우연이 아니다. 우리 모두 그렇게 살아왔음이 그 답이 아닐는지.

예전에 비해 많이 달라졌지만 아직도 우리는 공공의 것을 바로 내 것인 양 혼동하고 살아간다. 관용차를 자가용처럼 사용했다는 지적에 대해서는 손가락을 들어 비난을 퍼부으면서도 사무실의 집기 비품을 마치 자기 것처럼 혼동하고 사는 것은 전혀 의식하지 못할 뿐만 아니라 죄의식 같은 것은 아예 없다. 내 집 전등은 신경써서 끄면서도 사무실이나 공공건물의 것은 무신경하게 지나치며 방만하게 사용하는 일은 없는지 반성해 볼 일이다. 그렇지 못하다면 그것이 바로 정직하지 못한 행태인 것이다. 모두가 이대로 방만하게 살아간다면 우리 후손들도 우리처럼 자고 나면 무슨 부정사건이 터지고 또 날이 새면 몇십 개의 사과 상자에 돈이 가득 들었느니 마느니 하는 기사의 홍수 속에 살아야 한다. 이런 세상은 그런 나쁜 사람들에 의해서 만들어지는 것이 아니라 작은 일에 정직하지 못한 바로 나 하나의 잘못에서 잉태되고 자란다는 사실을 결코 간과하지 말아야 할 일이다.

커피가게에서 무심코 하나 더 들고 온 빨대를 서둘러 제자리에 갖다 놓으며 무슨 큰일이라도 한 것처럼 어깨를 으쓱하는 모습에 쓴웃음이 나온다. 그래, 이렇게 어색하게라도 시작해야 한다. 오랫동안 몸에 밴 고질병을 고치려면 하루아침에는 안 된다. 이다음 차례는 냅킨을 여유 있게 집어다 방만하게 쓰는 버릇을 고쳐 볼 일이다. 끊임없이 자신에게 최면을 걸어가야 가능할 것이다. 비싼 커피 값에 다 포함되었으니 괜찮다 할지 모르지만 내 것과 남의 것을 구분하는 습관은 가까운 곳에서부터 시작해야 하기에 좋은 기회로 삼아야 한다.

900억 원의 뇌물을 받았느니 아니니의 줄다리기 싸움이 5년이라는 기록을 세우면서 드디어 대법원의 최종 판결을 받았다. 법원은 증거가 확실하다 하고 피고는 결백하다고 하니 진실은 하나님이 아실 일이지만 우리로서는 법원을 믿을 수밖에 없다. 뇌물로 주었다는 수표가 피고 동생의 전세 보증금 속에 섞여 있었다니 우리로서는 믿을 수밖에 더 있겠는가 말이다. 이런 시점에서 형 집행을 위해 수감되는 교도소 앞에서 배웅식을 한다니 어이가 없다. 설령 억

울하다 할지라도 지도자라면 몸을 낮추고 어찌됐건 물의를 빚어 국민에게 죄송하다는 한마디쯤 해야 되는 것 아닌지 묻고 싶다.

너는 얼마나 깨끗하기에 그렇게 돌팔매질에 가까운 말을 할 수 있느냐고 힐책할지 모르지만 지도자는 좀 달라야 하지 않겠느냐는 생각에서다. 그만한 자리에 가 보지 않았으니 무어라 할 말은 없다. 사는 동안 그런 유혹을 받을 만큼 고위직에 올라가 보지 못했으니 원천적으로 부정의 기회가 차단되었다고 봄이 맞을지 모르지만 기회가 온다 한들 저렇게 후안무치하기는 힘들 것 같다. 저런 사람들이 지도자의 자리에서 사라질 때 우리 아이들은 제대로 정직을 보고 배울 수 있으리라고 본다. 이제 우리 생활 속에서는 정직한 생활이 많이 자리 잡았다고 볼 수 있어 희망적이다. 우리들 세대에 비해서 말이다. 절대빈곤이 없어지면서 서민들의 생활 속에서는 부정직한 모습이 많이 자취를 감추었으나 고위층의 부정직함이 기승을 부리고 있는 것이 현실이다.

정직하냐? 너는.

똑바로 정신을 차렸을 때는 정직한데 무의식 속에서는 부정직한 잔재가 아직 남아 있으리라고 생각합니다. 그래서 부끄럽습니다. 오직 주께서 은혜를 베푸사 그런 부정직한 싹들이 모두 뿌리 뽑혀 버리는 복을 허락해 주시옵소서, 아무리 작은 부정직함이라도 말입니다. 제힘으로는 어렵고 성령께서 인도하셔서 바꾸어 주시옵소서. 아멘.

2015. 8. 24.

더위도 지진도 하나님만이 주관하신다

유난히도 덥던 여름이건만 어느 결에 우리 곁을 슬그머니 떠나갔다. 며칠 덥다가 비도 내리고 조금은 덜 더운 날도 있는 것이 우리네 여름이었는데 이번 여름은 전혀 달랐다. 한 달을 넘는 연속적인 폭염이 계속되는 그야말로 살인적인 더위라는 말이 실감 날 정도의 날씨였다. 이상기온이라는 말이 회자된 것도 어제오늘의 일이 아니지만 이제 우리나라가 아예 열대지방이 되어 버리는 것 아닌가 하는 의구심이 들 정도의 해괴한 여름이었다. 그러던 것이 어느 날부터 폭염의 힘이 빠지기 시작하더니 슬슬 가을로 접어들었다. 자연의 조화라고 사람들은 말한다. 그 자연의 주인이 누구던가? 이런 엄연한 현실 앞에서조차 우리 크리스천들도 하나님의 주권을 잊고 있지는 않은지 돌아볼 일이다.

경주에서 진도 5.1에 이어 5.8의 지진이 일어났다. 땅이 흔들린다는 것을 잘 상상하기 힘든 사람들에게 진짜로 땅이 흔들려 선반의 물건이 떨어지고 담이 무너지는 일은 공포 이상의 엄청난 두려움이다. 지진으로부터 비교적 안전권에 있다는 우리들 기존의 생각은 이제 남의 일이 돼 버릴지도 모를 일이다. 아무리 과학이 발달해도 이런 자연의 일들을 막아내거나 멈추거나 할 수 있는 힘은 아무에게도 없다. 오직 한 분 하나님께만 모든 일이 다 가능할 뿐이다. 그럼에도 그것을 잘 안다고, 아니, 믿는다고 주장하는 기독인들조차도 실제 상황에서는 하나님을 모르는 사람들과 거의 비슷한 수준의 생각에 사로잡혀 말하고 행동한다. 마음속에서조차 하나님의 주권을 잊고 있는 멍한 상태에 있는 경우가 많다.

에어컨을 틀어대는 것 외에는 더위 앞에서 할 수 있는 일이 아무것도 없으면서도 하나님의 존재를 의식하지 못하는 교만을 바로 내가 범하고 산다. 그러면서도 전혀 자신은 교만하지 않다고 확신하며 사는 것이 우리들이다. 이런 것을 일깨우는 것이 문서선교의 할 일이라면 아마 어리둥절할지 모른다. 하지만 문서선교는 거창한 화두가 아니라 이렇게 가까운 곳에 그 의미가 있고 역할이 있는 아주 원초적이고 소박한 것이다.

우리는 이렇게 쉽고도 어려운 문서선교의 첨병을 자부하며 오늘도 크리스천 문학을 세상에 내놓는다. 기독교문학과 가톨릭문학의 현황과 차이점을 찾아보고 비교해봄으로써 진정한 문서선교 역할로서의 크리스천 문학의 갈 길을 모색하는 세미나를 개최했다. 그 내용도 널리 함께 나누고자 지면을 할애했다.

주기철 목사님의 신사참배 거부로 우리 뇌리에 깊이 박혀 있는 산정현교회를 찾아 역사적 교회의 목회 현장을 소개하는 내용도 실었다. 10월 25일에는 범하문학상을 시상하여 진정한 문서선교로서의 크리스천 문학의 진수를 뽑아 격려하고자 한다. 풍성한 가을에 우리도 하나님 앞에 가득 찬 바구니를 바치기 위해 진솔한 글들을 정성껏 바쳤다. 이 책이 전해지는 곳에 하나님 나라가 넓게 펼쳐지고 그 지경이 넓어지기 바란다.

복음의 전달자, 문서선교의 첨병 노릇을 더 잘하기 위해 우리는 이 책의 독자들에게 정중하게 일독을 권하는 바이다. 더위도 지진도 하나님만이 허락도 하시고 막아도 주신다는 진리를 그들도 깨닫는 복을 받기 원하면서 가을을 맞이한다.

2016. 10.

노방전도

“엄마도 길에서 예수 믿으라는 말을 하고 서 있는 일 같은 건 안 하겠지?”

설마가 사람 잡는다는 말이 남의 일이 아니다. 바로 그 엄마가 물티슈와 전도지를 나눠주고 서 있다. 그것도 중국인들을 주 대상으로 골라가면서 말이다. 건대 입구에 이렇게 어마어마하게 넓은 중국 촌이 형성되었으리라는 것도 몰랐다. 시장의 영업지역에 한한 것인지 주거지까지인지는 아직 알 길이 없으나 건대 입구에 더러 왔어도 이런 중국 상점 밀집지역이 있는지를 미처 알지 못했다.

중국어 예배부가 중국어 강의를 한다기에 등록을 하고 발을 디딘 것이 이제 공부는 뒷전이고 중국어 예배에 열심히 참여하는 새신자(?)가 되었다. 하나님께는 죄송한 말씀이지만 중국어를 배워 보는데 도움이 될 것 같아 알아듣지도 못하는 중국어 예배를 드리고 있는 중이다. 끝나고 노방전도를 간다기에 일단 구성원이 됐으면 모든 일에 참여해야 한다는 평생의 생활 철학에 입각해서 오늘도 따라나선 것뿐이다. 솔직히 말해서 중국선교에 열의가 있어서도 아니고 그분들을 위해서 눈물로 기도해 본 적도 없다. 아직은 중국어를 배우는 한 방편이라는 것이 솔직한 고백이다.

젊은 날 가족법개정운동을 할 때 가두 캠페인에 도가 터서 평생 여성운동을 하면서 갖가지 캠페인을 무던히도 많이 했다. 그 공덕(?) 덕에 이렇게 길에서 어깨띠를 두르고 행인들에게 종이를 나눠주는 일은 조금도 어색하지 않다. 더구나 물티슈까지 들려주니 맨입으로 종이만 나눌 때에 비하면 그야말로 당나귀 타고 양주목사 가는 격이라고 해도 좋을 것 같다. 손사래를 치며 기어코 받지 않고 가겠다는 강경파가 그리 많지 않은 것도 천만다행이다.

두어 시간도 못 돼서 준비해 온 전도지와 물티슈 통이 말끔히 비워졌다. 탄환이 없으니 철수할 수밖에 없이 되었다. 수년 동안 이곳에 공을 들였다는 일행의 이야기를 들으면서 마음이 조금씩 가라앉기 시작했다. 나는 지금 무얼 하고 있었나? 그냥 캠페인의 일종으로 생각하고 마치 통과의례를 하듯이 건성으로 길에 서서 기계적으로 나누어 주기만 했던 것은 아닌지 반성이 마음을 밀고 올라오면서 부끄러워지기 시작했다.

그제야 지나는 사람들을 유심히 보기 시작했다. 대부분 살기 힘들어 보이는 표정들이다. 우리 조선족이라 불리는 사람들이 대부분인 듯하고 그들이 중국인이라는 신분으로 조국 아닌 조국의 하늘을 이고 오늘도 힘겹게 하루를 보내고 있는 것이다. 이국 아닌 이국땅에서 그들이 쉽게 일할 수 있는 곳이 음식점과 상점들이었나 보다. 양꼬치라는 것을 난생처음 먹어보며 묘한 기분이 되는 것은 딱 집어 설명하기 힘들다. 아메리칸드림의 큰 뜻을 품고 미국으로 이민

가서 반세기가 돼 가도 아직도 힘들게 사는 친지들이 떠오르며 콧날이 시큰해지는 것은 늙은이의 청승기 만은 아닌 것 같다. 자식들을 좋은 대학에 보내 성공 시켰지만 그들에게 돌아온 것은 양로원의 구석진 의자임을 생각하며 또 한 번 처연해진다. 금수강산을 지키고 살아온 우리네 형편도 이제 크게 다르지 않다는 자각 때문인가, 갑자기 양꼬치를 구워내는 숯불의 이글거리는 불빛이 분노로 이글거린다.

이게 무슨 망발인가? 하나님 심부름 잘하고 가르침대로 성도의 교제를 잘 나누고 있는 이 복된 시간에 무슨 쓸데없는 생각의 꼬리 이음이란 말인가? 그래 얼마나 더 살 것 같아 새로 중국어를 배워보겠다고 욕심을 부리는지 내가 생각해도 알다가도 모를 일이다. 발음이 되기는커녕 알아듣지도 못하는데 무슨 만용을 부리고 있는 것인가? 주객이 전도라고 하는 말이 헛말이 아님을 증명이라도 해 보이듯 지금 나의 행보는 완전히 주객이 전도돼 가고 있지 않은가? 공부하러 찾아왔다가 예배에 한 발씩 빠져들어 가고 있다. 아아, 이것이 주님이 또 나를 불러 쓰시는 것이구나 싶으니 고맙기 그지없다. 무슨 쓸모가 있다고 이 작은 종을 부르시느라 알량한 지적 허영심을 건드려서 중국어 공부 반에 불러들이시다니.

이제 중국을 공산당과 떼어서 생각하며 열심히 그 영혼들을 위해서 기도하게 해 주시라는 기도부터 해야겠다. 이왕이면 공부도 열심히 해서 그들과 의사소통도 할 수 있는 능력을 갖추고 주가 쓰시려 할 때 쓰임 받을 수 있도록 준비해 보자. 진정한 주객전도는 하나님께서 알아서 하실 일이다. 그저 앞에 기회가 열리는 대로 열심히 최선을 다해서 살아 볼 일이다. 그 이상도 이하도 아닌 바로 거기까지가 내가 할 수 있는 일의 전부인 것을 항상 잊지 않고 살게 해 주시라는 소박한 기도가 끊임없이 내 입에 머물기를 바랄 뿐이다.

그래 엄마는 길에 서서 예수 믿으라고 하염없이 되뇌고 있다. 이것이 너와 내가 잘 살 수 있는 첩경이 될지 누가 알겠니? 한 달 서른 날 중 기껏 하루, 그것도 한 두어 시간도 못 되는 짧은 시간을 내놓을 뿐인 것을.

2017. 9.

나의 인생 나의 문학

1. 기적같이 만나 주신 하나님

사람이 한 세상 사는 동안 몇 번의 전환기가 있기 마련이지만 내게 있어 가장 큰 변곡점은 주님을 만난 일이다. 모태신앙인 분들은 잘 모르겠지만 하나님을 모르고 살다가 그분을 만나는 일은 그야말로 대사건이다. 어린 시절 친구 손에 이끌려 주일학교에 갔다가 만나는 사람들도 있을 텐데 모르긴 해도 그때는 그저 그렇게 따라 다니다가 일상이 될 수도 있을 것이다. 하지만 자기 아집이 굳을 대로 굳어진 중년 고개에서 주님을 만난다는 것은 기적에 가까운 행운이라 아니할 수 없다. 이런 행운의 주인공이 되게 허락하신 주님께 날이 갈수록 더욱 감사드린다.

1979년 10월 어느 금요일 끈질기게 10여 년을 하루같이 내게 주님을 전하던 친구에게서 자기 집에 빨리 오라는 전화가 왔다. 반가운 친구가 기다리고 있다며 전화를 일방적으로 끊어 버렸다. 누굴까 궁금해서 명령을 따르기로 했다. 친구 집 현관문을 밀고 들어서니 양반은 못 된다며 대환영이다. 아무래도 안 오는 것 같다며 그 친구가 막 자리를 뜨려던 순간이었다고 했다. 경영학 교수인 ㅂ 박사가 반기며 뛰어나왔다.

자신은 이 친구들 전도를 한 3년 받고 많은 생각을 하다가 교회를 찾았고 하나님을 영접했노라면서 자신의 소원을 걸고 조건부로 교회에 갔는데 놀랍게도 하나님은 그 소원을 이루어 주셨다고 했다. 생각해 보니 어려서 철없으니 그 소원을 들어주신 것 같다고 했다. 나에게도 말 못 할 소원이 있을 테니 그걸 조건으로 걸고 교회에 한 번 가 보라는 권유를 진지하게 계속했다. 자신은 순복음교회 마당에 들어서는데 어서 '돌아오오'라는 찬송이 흘러나오고 그 곡을 들으면서 눈물이 콱 솟았다고 술회했다.

나는 속으로 평소의 생각을 다시 다짐하며 앉아 있었다. 나는 절대로 치사하게 무슨 소원 같은 것을 걸면서 구걸하듯이 그렇게 하나님께 가지는 않을 것이다. 이것은 이 집 주인인 친구가 10년 넘게 전도할 때 겉으로 그래그래 알았어 하면서 속으로 하던 다짐이었다. 그러면서 이상하게도 만약 내가 교회에 가는 이변이 생기더라도 그냥 가지, 무슨 난관이 있어서 그것을 해결해 주시라는 구걸 같은 것을 하면서 가게 하지는 말아 달라는 게 막연한 기도였다. 참 이상한 것은 나는 윤회전생과 인과응보가 믿어지기 때문에 절대로 하나님을 찾고 교회 가는 일은 없으리라고 굳게 믿으면서 의연하게 좋은 낯빛으로 친구의 전도에 귀를 기울이는 척하고 앉아 있었는데 무슨 연유로 만약에 내가 교회 가게 되더라도…라는 그 기도가 누구에게랄 것도 없이 계속 목울대를 치밀고 올라왔는지 모를 일이다.

그날 한 두어 시간쯤 세 친구의 고문 아닌 고문을 참고 견디다가 친구 집을 나섰다. 이번 주에 가까운 교회에 꼭 가 보라는 당부를 뒤로하고 집으로 향했다. 차를 타고 오는 1시간쯤을 심각하게 생각에 잠겼다. "얘를 봐라, 이렇게 받아들이는 적응이 빠르니까 박사도 되는데 너는 너무 고집만 세서 너만 잘났다고 하니까 박사도 못하고 앉아 있잖아? 더 손해 보지 말고 얘 같이 마음을 좀 열어봐." 죽인다고 해도 서로 마주보고 웃는 사이이니 무슨 험한 말인들 마다않는 터이지만 그날 그 말은 꽤 아프게 마음 한구석을 불편하게 했다.

차에서 내려 언덕을 올라 집으로 걸음을 옮겼다. 좀 가파른 언덕이라 숨을 몰아쉬고 걷는데 갑자기 불상들이 눈앞을 어지럽게 계속 왔다 갔다 하며 명멸하는 것이 아닌가? "아아, 네 바로 이겁니다. 제가 이것들에 대한 믿음 때문에 친구의 말을 못 따르거든요? 이런 것들을 대신할 수 있는 어떤 무엇이라도 좀 보여주시죠, 그러면 저도 저 친구들 말을 한번 들어주고 싶기도 합니다." 나도 모르게 이렇게 중얼거리며 언덕을 다 올라와 정상에 서 있었다. 아래를 내려다보니 다 어디로 갔는지 아무것도 보이지 않았다. 고개를 갸웃거리며 집으로 들어가 부지런히 저녁을 짓고 바쁜 주부 일에 몰두했다.

이튿날 아침 아이들에게 학교 끝나는 대로 바로 집으로 오라며 오후에 덕수궁에 데리고 가겠노라 약속을 했다. 애들이 등교하자마자 친지에게 전화가 걸려와서 자기 사무실에 잠깐만 들러 달라는 것이 아닌가? 아이들과 약속해서 오늘은 안 된다 하니 막무가내로 잠깐만 왔다 가라면서 일방적으로 전화를 뚝 끊어버리는 것이었다.

그날 그 사무실에 갔다가 그분 회사의 야유회에 남한산성까지 끌려(?)가는 일이 벌어지고 선발대를 찾아야 하는데 급기야 남한산성 길을 잘 아노라 안내하겠다고 큰소리를 친 내가 길을 못 찾는 바람에 우리 일행은 점심도 쫄쫄이 굶고 오후 4시경에야 남한산성 꼭대기 평상에 앉아 도토리묵 한 접시를 앞에 두고 둘러앉아 시장기를 면하는 신세가 됐다. 묵 한 접시를 기다리는 동안 미안하고 계면쩍은 분위기를 바꿔보려고 나는 손에 끼고 있던 장난감 같은 반지를 빼 주며 그 알맹이 가운데 그림 속에서 장미와 여인을 찾아보라고 했다. 그때 역시 나를 집요하게 공략하던 친지 한 분이 그런 것보다 더 좋은 것을 찾아보라며 손바닥 크기의 종이 한 장을 내밀었다. 그 그림은 예수님이 양을 안고 계시는 그림으로 눈 녹은 땅에 기막힌 형상이 나타나서 찍었다는 은혜로운 사진이다.

처음에 그 종이를 내민 그 친지에게 무슨 잉크 쏟아진 종이쪽을 주면서 예수님을 찾아보라는 거냐고 볼멘소리를 하던 나는 건너편의 장로님 사위라는 그 회사 중역에게 넘기며 찾아보시라 했다. 그 분이 종이를 들어 위로 올려보는 순간 해에 비친 종이의 뒷면에서 예수님이 바로 나를 응시하고 계시는 게 아닌가? "어머 예수님이다, 어머나 세상에 예수님이야, 정말 예수님이야!" 외마디 소리를 치는 내게 사람들이 모두 놀라 어디가 예수님이 있다고 그러는 거냐며 의아한 얼굴들로 쳐다봤다. 내게 그 종이를 넘겨준 친지만이 파안대소하고 있었다. 아아 이제 됐네, 오늘 대어를 낚았으니 밥 안 먹어도 배부르다며 그는 개선장군처럼 웃었다.

"이제 오 선생 마음대로 하시오, 아마 가지 말라고 해도 갈걸."

아무 말도 다 들리지 않고 예수님의 모습이 눈에 탁 띨 때의 야릇한 전율 때문에 나는 몸이 계속 뜨거운 것 같으면서 어제 언덕길에서 보이던 불상들의 모습 위로 예수님이 양을 안고 계속 인자하게 웃고 계신다. 그리고 계속해서 일생 동안 내게 전도하던 많은 사람들의 얼굴이 필름처럼 질서 있게 흘러간다. 그리고 그 뒤로 두 세 사람의 얼굴이 떠오르며 괘씸하다는 생각과 의문이 떠올랐다. 이들은 누구인가? 나는 친한 사람들이라고 생각했는데 이들은 나를 사랑하지 않았나보다는 생각이 강하게 머리를 치며 왜 그랬냐고, 어째서 너만 믿고 내게는 한 번도 믿으라는 얘기를 안 했느냐고 꼭 물어봐야겠다는 다짐이 머리를 꽉 채운다. 필름처럼 지나가는 많은 전도자들에 대한 감사의 마음에 콧날이 시큰해지면서.

계속 흥분 상태로 집에 돌아온 즉시 몇 주일 전 총동원 주일에 우리 내외를 끌고 갔던 남편 친구 집사님 부인께 전화를 걸고 바로 내일 일요일에 교회에 따라가겠노라 약속을 하고 신일교회에 출석했다. 이후로 신일교회에서 계속 주님을 만나며 살고 있다. 어디를 돌아다녀도 좋은데 예배당만은 절대 가지 말라던 외할머니의 당부도, 머리를 꽉 채우고 있던 인과응보와 윤회전생이라는 것에 대한 굳건한 믿음도 모두 다 물거품이 된 채 하나님은 이상하게도 이 교만한 아낙을 확실하고 분명하게 꽉 잡아주셨다. 정말 감사한 일이다. 말씀을 잘 따라 하는 신실한 제자는 못 되지만, 그것은 앞으로도 어렵겠지만 예수님을 믿음으로 천국에 갈 수 있다는 구원에 대한 확신은 염치없을 정도로 강해서 철없지만 기쁘고 즐겁게 하루하루를 신나게 살아간다.

2. 모태불교였던 사람

절에 가서 3년 동안 애를 태우다가 엄마 치마폭에 안겨주는 정성으로 나를 태어나게 하셨다는 외할머니는 평생 동안 여러 손자녀 가운데 유독 나만을 사랑하셨다. 편애가 심해서 외가 식구들에게 고운 눈 흘김을 당하면서 자라온 나를 저승에서 바라보는 외할머니가 실망하시더라도 나는 오직 감사할 뿐이다. 그리고 내가 어려서 일찍 믿었더라면 외할머니도, 어머니도 구원했을 텐데 그것을 못한 것이 너무 가슴 아프다.

6.25 전에 어린 시절 살던 집이 지금의 영락교회 50주년 기념관 자리이고 전주로 피난을 갔을 때도 바로 옆집이 전주 중앙교회였건만 교회 문을 들어서지 못했던 불쌍한 영혼을 하나님은 오래도 기다리셔서 기어이 구원의 손을 내밀어 주셨다. 그리고 지금 생각해 보면 그날 남한산성에서 내 마음의 교만이 꼼짝 못하게 꽁꽁 묶으시고 마음 문을 열게 인도하신 성령님의 임재가 더 없이 감사한 일이다.

3. 글과 만남

내가 글을 대한 것이 5살 때로 기억한다. 만화를 읽기 시작했고 아버지에게서 천자를 배우기 시작했던 것 같다. 하늘 천 따 지를 배우고는 글을 익히기보다 일하는 언니들이 놀리는 말이 더 재미있어 흥얼흥얼 따라 하면서 시를 접했다면 망발이 되려나?

'하늘 천 따 지 가마솥에 누룽밥 선생님은 한 사발 나는 두 사발'

작은 사금광이긴 해도 금광을 하고 정치 지망생으로 2대 국회의원에 입후보했다가 낙방을 한 아버지가 6.25전쟁 중에 북괴의 내무

서원에게 끌려간 후 행방불명이고 이제 120세가 넘으셨으니 오히려 마음이 편해졌다. 어머니는 19년 동안 북창을 열어놓고 발치에 밥그릇을 고이 싼 밥멍덕을 끼고 살다가 눈을 못 감고 이승을 떠났다.

군수의 딸로 태어나 유복하게 살다가 집안이 풍비박산 날 지경이 되었지만 장성했던 오빠 덕에 대학까지 마치는 동안 어머니가 수절하고 사는 것은 너무도 당연한 일로 치부하여 고마운 줄도 몰랐던 철부지가 이제 남매를 장성시켜 손자녀 남매를 두었으니 인생 이만하면 더 부러울 게 없지 않은가? 7년 전 남편을 먼저 하늘로 보내고서야 세상을 조금 알 것 같으니 이제 내 나이 겨우 7살일밖에. 요즘에야 시도 때도 없이 감사가 흘러나오는 은혜를 누리며 산다.

항상 바쁘기도 하지만 워낙 역마직성이 세어서 그런지 몰라도 진득이 앉아 기도하지 못하고 길에 걸어 다니면서 기도하는 것이 내 버릇이다. 예수님을 영접한 첫날 남한산성에서 돌아오면서부터 고맙습니다를 연발한 것이 기도의 시작이고 지금도 그 버릇대로 산다. 글을 쓰는 일이야 초등학교 3학년 때 국군 아저씨께 쓴 편지가 시작이고 그 편지에 답장이 오면서 교내 유명인사가 되어 교장실에 불려가 칭찬을 받았는데 정작 내게 그 글은 없고 무슨 소리를 썼는지 도무지 기억이 없다. 아버지를 잃었으니 우리 아버지 원수 대신 갚아달라고 청승을 부려서 국군 아저씨가 가엾어서 답장을 보내 주었는지도 모를 일이다. 그 아저씨도 글쓰기를 좋아했던지 두세 번 답장이 오고 갔다. 그런데 어린 마음에 어쩐지 더 이상 편지를 계속하는 것은 좋지 않을 것 같아 답장을 끊었다. 꽤 조숙했던 모양이다.

문예반에 들어가 동시를 읽고 썼는데 멋쟁이 선생님이 다른 학교로 전근을 가시는 바람에 김이 새서 4학년 때 문예반을 그만두었다. 나의 글쓰기는 우리 집의 장서와 아버지의 독서열, 그리고 어머니의 무한한 도서 공급이 원동력이 되었다고 보아야 한다. 읽고 쓰는 일은 으레 다반사 같은 어린 시절이었고 자라서는 오빠가 대학교수이니 밤새 책 읽는 모습을 매일 보고 살면서 나도 계속 읽었다. 우리나라에서 출판되는 어린이, 학생 잡지는 리더스다이제스트의 어린이 본까지 한 가지도 빠짐없이 어머니는 정기 구독하게 해 주었고 동화집들도 안데르센, 그림 등 모두 다 사들여 주었다. 집에 있는 장서는 말할 것도 없고 인근의 중고생 언니들로부터 그들 눈높이의 책을 초등학생이 모두 빌려다 읽었다. 초등학교 5학년 때 김래성의 『마인』을 읽고 그날 밤 꿈에 그 스토리의 주인공이 되어 얼마나 무서워 죽을 뻔하다 깼는지 모른다. 『쌍무지개 뜨는 언덕』을 읽으면서는 내가 만약 그 주인공이라면 어떻게 했을까 상상해보곤 했다.

4. 웅변대회에 차출

집에 많은 역사 소설 등을 읽으면서 시야를 넓히고 초등학교 때부터 신문의 사설을 읽으면서 세상을 깊이 보기 시작했다. 이런 경력 덕에 중학교 2학년 때 웅변대회에 반 대표로 차출되었을 때 손수 웅변 원고를 거뜬히 써서 출전할 수 있었다. 웅변 도중 말을 잊었는데 내가 쓴 원고라서 자신 있게 말을 이어가다 보니 줄거리가 다시 생각나 임기응변으로 이어가며 위기를 넘겼다. 나는 죽을 뻔했는데 그 더듬거리는 부분이 지극히 자연스러웠다며 대상을 안겨

주어서 고등학교 3학년 초까기 웅변대회 선수로 끌려다니느라 도 대표로 서울 시공관까지 진출해서 박마리아와 겸상해서 점심도 먹었다. 대학 가야 한다고 겨우 도망쳐 나온 웅변부의 경력이 오늘 내가 어느 자리에 가도 기죽지 않게 단련시켰다. 지금 생각해 보니 하나님께서는 이미 그때부터 당신이 쓰실 재목으로 다듬기 시작하셨던 모양이다.

5. 수필가로 등단, 교회 신문을 만드는 은혜

법과대학을 졸업 후 신문기자로 활동하면서 글쓰기는 생활이 되었으나 시사적이고 딱딱한 글이라 서정성은 키우지 못했다. 몸이 자꾸 아파 고등고시를 포기하고 안 하겠다던 혼인도 하고 시어른을 모시고 살면서 일하는 여성으로 두세 역할을 해야 하니 '나'는 있을 수가 없었다. 이대로 이름 없이 죽을 수는 없을 것 같아 글쓰기를 시작했고 수필로 등단을 했다.

교회 신문을 만든다며 언론인인 남편에게 일을 맡겼다. 남편이 자신 없다고 망설이기에 하나님께서 당신과 아들까지 언론계에서 일하게 하셨고 나도 옛날이지만 언론계 밥을 먹게 하셨는데 하나님 신문을 못 한다는 것은 말도 아니라고 등을 떠밀며 내가 할 테니 이름만 걸고 순종하라고 몰아붙였다. 만세반석이라는 신문작명부터 관여해서 15년 동안 격주 신문을 계속 발간했다. 이 일을 하면서 성경을 많이 읽고 공부하게 되었다. 사설에 해당하는 칼럼을 계속 쓰려니 성경을 많이 모르는 것이 못내 아쉬웠다. 교회에 처음 갔을 때 젊어서 일찍 왔더라면 성경도 많이 알고 좋았을 텐데 허송세월

한 것이 후회스러웠는데 신문을 맡고 보니 절박했다. 그 칼럼을 쓰면서 하나님의 도우심으로 글쓰기가 많이 늘었다.

간증을 쓰도록 유도하고 면담하고 대신 써주고 하는 일들을 계속하면서 엄청난 내공이 쌓여갔다. 더 중요한 것은 나도 모르는 사이에 얄팍하던 믿음의 두께가 점점 두꺼워지고 있는 일이었다. 그 때는 몰랐는데 오늘 내 입에서 감사가 그냥 흘러나오는 것이 바로 그런 내공 때문이었다는 생각이 든다. 수필을 쓰면서 기독교인들끼리 기독교수필문학회를 조직해서 전문적으로 간증문을 중심으로 하지만 격조 있는 문서선교로서의 사명을 다할 수 있는 신앙수필을 써 보기로 작심하고 열심히 공부했다. 1년에 한 번씩 동인지로 『기독교수필문학』이라는 책자를 엮어내면서 문서선교의 첨병이 되어갔다. 먼저 신약의 첫 권부터 시작해서 한 해에 한 권씩 주제로 공동제를 정해서 모두가 그 책의 주제를 중심으로 글을 쓰고 그 외에 자신의 신앙수필을 쓰는 식으로 몇 편씩을 모아서 책을 펴낸 것이 4반세기가 지나갔다.

6. 신앙수필집 『토기장이와 질그릇』 펴내

부족하지만 하나님의 도우심으로 여러 방면의 글을 쓰게 되었다. 몇 권의 책을 내고 나니 하나님 글만을 따로 모아 내겠노라 한쪽에 밀어놓은 원고 더미가 자꾸 늘어갔다. 순서가 틀렸다 싶어 부족하지만, 용기를 내어 그 원고들을 따로 묶어 첫 번째 신앙수필집 『토기장이와 질그릇』도 발간하게 되었다. 제목은 내가 처음 성경을 읽으면서 윤회전생과 인과응보에 대한 믿음을 단번에 날려버린 로마

서 9장의 토기장이 비유에서 가져왔다.

이미 하나님을 만난 분들에게는 더 큰 은혜가 되게 하고 아직 밖에서 방황하는 분들을 하나님 품으로 불러들일 수 있는 도구가 되기를 간절히 바라면서 이 책을 널리 나누었다. 하나님은 과분하게 나를 써 주셨다. 대학교수로, 수필가로, 교회의 권사로, 한국크리스천문학가협회의 회장으로, 국제펜한국본부의 부이사장으로 쓰임 받게 허락하였다. 나는 이 직분을 받을 때마다 하나님께 누를 끼치지 않게 최선을 다해서 성과를 낼 수 있도록 도와주시라는 기도를 드리고 편한 마음으로 덥석 일을 하기 시작해왔다. 고비마다 급할 때 하나님, 제가 망신당하지 않도록 도와주시라는 응석 어린 기도를 한다. 아직도 경건하게 미리미리 기도하는 것이 서툴다. 아직도 나는 신앙인으로는 돌쟁이 정도인 것 같다. 글쓰기 또한 옹알이를 하는 수준이다.

80 가까이 산 인생을 어떻게 몇 줄 원고로 다 말할 수 있으랴. 이 둔필로 무슨 나의 문학을 얘기할 수 있겠는가? 오직 순종하는 마음으로, 이 또한 문서 선교의 역할이라 자위하면서 나의 인생 중 하나님 영접이라는 거창한 대사건을 중심으로만 써 보았다. 글쓰기 또한 신앙 글쓰기의 부분에 한정해서만 몇 자 적어 보았다.

바라기는 이 글을 읽는 어느 한 분이라도 은혜 받고 하나님 나라 확장에 도움이 될 수 있었으면 좋겠다. 그것뿐이다. 크리스천 나무의 수목원에 나무 한 그루 심을 수 있게 귀한 기회를 허락하신 이건숙 권사님께 큰절을 올린다.

2017. 10. 28.

거두는 기쁨

한없이 펼쳐진 황금들판이 끝이 없다. 누런 차일이 펄럭이는 것처럼 시야를 온통 가리고 있다. 엊그제까지만 해도 시원하게 뺨을 스치던 바람 끝이 써늘해졌다. 북쪽으로는 추수를 끝낸 들녘이 많지만 남쪽으로는 아직 노란 바다가 나그네의 마음을 흐뭇하게 해주고 있다. 2.8㎞를 남겨 놓고 완성을 못해서 애를 태우고 있는 새만금 방조제가 저 너머 아스라이 보일 듯한데 누런 지평선은 끝이 없다.

유난히도 비가 찔끔거려 하루도 쨍한 날이 없는 듯이 느껴지기도 했던 지난여름. 초가을 날씨로 아랑곳없이 들판은 풍년을 노래하며 출렁인다. 기상이변이니 엘니뇨이니 갖은 소리들이 다 나와도 하나님께서 하시려고 하면 저렇게 큰 수확의 기쁨을 눈앞에 맞이하게도 해 주신다는 생각에 눈시울이 붉어진다. 쌀 나무가 있는 줄 알았던 어린 시절을 보낸 도시내기인지라 이럴 때면 농부에게 옷깃을 여미고 고개를 숙이는 심정이 된다. 이런 가을만이 아니라 모내기를 끝낸 유록의 들판을 볼 때도 그렇고 여름 땡볕에 초록 융단을 깔고 있는 들을 볼 때도 공연히 콧소리를 내며 세상에 어느 틈에~ 해 가며 청승을 떨기도 한다.

외할머니댁 옆집의 철이라는 아이가 지금도 훠어이 훠어이 새를 쫓고 앉아 있는 것 같다. 잠시 차를 세우고 논가에 내려서 본다. 훠어이 훠어이 바람인지 울음인지 귀가 자꾸 운다. 학교에서 돌아오기 바쁘게 책보를 풀어 던져놓고 소를 몰고 나가 풀을 뜯기던 여름보다 가을 들판의 새 보기가 더 좋았을지 나빴을지 알 수 없다. 허수아비가 몇 들어와 어릿광대처럼 뻗치고 선다. 철이의 새 쫓는 소리가 가물가물 멀어졌다 가까워졌다 한다. 반짝반짝 마치 명멸하는 사이키 조명처럼 들판이 광란하는 것 같다. 허수아비는 어느새 쫓겨나고 없어졌다. 철이의 목 타는 훠어이 훠어이도 귀를 울리지 않는다. 모두 사라졌다. 은실금실을 이리저리 늘어놓아 번쩍이는 희번덕임에 새가 놀라 달아난다는 것이다.

사람이 문명에 광란하며 정신이 혼미해지니 새들도 그러려니 생각했던 모양이다. 그래 한동안 참새 떼는 사람들의 그런 소망에 흡족함을 주었다. 꽤 오랫동안 은실금실의 광란이 들판을 차지했다. 이제는 그것도 시효가 끝난 모양이다. 새들도 사람 따라 그 광란의 빛깔잔치를 오히려 즐기게 되었던가 보다. 아니면 그도 저도 귀찮고 새도 좀 먹은들 어떠냐고 해버릴 정도로 곳간이 풍성해졌는가. 농사꾼이 아닌 도시 아낙이 그 깊은 사정이야 알 수 없지만 이제 들판은 말끔하게 오로지 누럴 뿐이다. 왈츠라도 추고 싶을 만큼 한가롭게 굼실굼실 물결 춤을 추고 있을 뿐이다.

며칠 전 시골 친구가 부쳐온 상자 하나가 다시 떠오른다. 잘 익은 호박 한 덩이와 가시 돋친 밤송이 몇 가지, 산홋빛 닮은 감가지 두어 개, 깻잎과 풋고추, 거기다 고춧잎까지 곁들여 가득 들어 있었다. 바스락거리는 삶을 누리고 있을 서울의 친구가 가엾어 글 없는 편지를 한 상자 보내준 마음이 고마워 한동안 말을 잊었다. 아이들 손을 잡고 밤 줍기 농장에 갔던 일을 떠올리며 위로를 받을 수 있었다. 역시 친구는 고마운 것임에 틀림이 없다. 일상을 접고 잠시나마 그런 생각에 잠기게 해 주었으니 말이다.

그 친구들과 함께 친구네 복숭아밭에 가서 원두막을 차지하고 복숭아 많이 먹기 대회를 하던 단발머리가 그립다. 가을이면 그 친구네 사과나무를 몸살 나게 사과를 따 담던 철부지들이 이제 이순도 넘기고 어디론가 가고 있다. 벌써 하나님의 부르심에 우리 곁을 떠나고 없는 친구도 여럿이다. 이 가을 풍요로운 들판에서 수확의 기쁨을 노래할 농부의 가슴이 부러울 따름이다. 사는 동안 우리는 날마다 수확의 기쁨을 누릴 수 있어야 하건만 이렇게 눈에 보여야 그제야 감사가 어떻고 풍요로움이 어떻고 하면서 허풍을 떠는 것은 아닌지 모르겠다.

하나님 땀의 열매를 직접 가슴에 안고 선 농부의 마음에 진정한 기쁨이 넘쳐나게 하시고 이 메마른 도회의 아낙에게도 가을의 기쁨을 청승 대신 느끼게 도와주시옵소서.

2017. 11.

4

믿는다면서

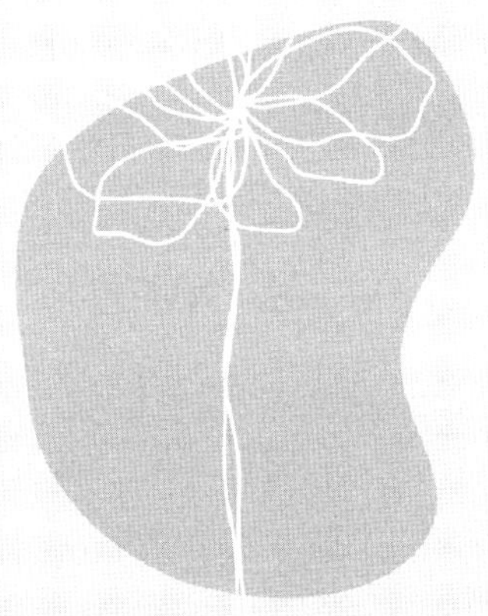

여기서 찬송가를 부를 수 있다니

"하나님의 나팔소리 천지 진동할 때에/ 예수 영광 중에 구름 타시고… 나팔 불 때 나의 이름 부를 때에 잔치 참여하겠네"

시상식의 끝부분에 여성 합창단이 부른 축가의 마지막 곡은 놀랍게도 찬송가였다. 문학상 시상식이고 수필인들의 대화의 모임에 찬송가를 부른 것이 왜 놀랄 일인가 의아해하는 분이 있겠지만 장소 때문이다. 여기는 천도교당이다. 아마도 이 교당이 세워진 100년 역사상 최초의 일이 아닐는지 모르겠다. 타 종교의 행사에는 어떤 일이 있어도 대관하지 않는 것으로만 보아도 알 수 있는 일이다. 당연한 일이 아닌가? 모든 종교는 근본으로 들어가 보면 자신들만이 구원의 길이라는 신념으로 뭉쳐있다. 종교 간의 화합이니 뭐니 하면서 범종교적인 말들을 하면서 포용력 있는 척해도 실상은 모두가 유일신 사상과 다름이 없다. 그래서 그들은 목숨을 걸고 포교하는 것이 아니겠는가?

하나님은 세미한 부분까지 우리의 삶을 직접적으로 간섭하신다.

다만 평소에는 우리들이 못 느끼고 있다가 자신의 일이 잘 안 되거나 힘들 때 비로소 깨닫게 되는 경우가 많다. 반대로 의외의 결과, 그것도 좋은 결과가 손에 쥐어졌을 때 감격하고 감사하며 그 간섭하심의 자상함에 놀라게 된다. 주최자도, 그 합창단의 추천자도 어느 누구도 연주 곡목을 알지 못했고 그저 가볍게 축가를 해준다는 것만 고마워서 모신 것뿐이다. 그분들도 어떤 의도가 따로 있다기보다는 크리스천으로, 그중에서도 장로 부인들로 구성된 합창단이고 보니 으레 찬송가를 한 곡 불러주는 것이 진정한 축하라고 생각해서 선곡했을 것이다. 듣는 크리스천들은 가슴 뜨거운 감사를 드리며 찬송을 듣는 동안 눈가가 젖어왔다. 아, 하나님의 오묘하신 섭리가 이런 것이로구나. 이것은 하나님의 특권이다.

하나님의 나팔소리가 진동하며 주가 강림하실 때 과연 내 이름이 불릴 수 있을까? 믿지만 워낙 한 일이 없으니 은근히 걱정되는 것이 솔직한 고백이다. 불안한 마음을 달래고자 나를 믿기만 하면 구원에 이른다는 예수님의 말씀만 손에 쥐가 나도록 꼬옥 붙들고 서 있는 초라한 모습이 한심하다. 하지만 그 손을 놓을 수 없다. 지옥은 생각만 해도 지옥이니 말이다. 하나님 나팔 불 때 제 귀가 밝아져서 제 이름을 놓치지 않고 잔치에 참예하게 하시고 공로 없으나 가엾이 보셔서 제 이름 석 자를 꼭 불러 주세요. 아멘.

2013. 6.

또 안 탔다

이상하게도 꿈에 허위단심 어딘가를 애써서 가는데 대부분 차를 타는 일이다. 그리고 하나같이 그 차를 타지 않고 깬다. 아직 탈 때가 아니라는 하나님의 배려를 보여주시는 건가? 초라한 기차 임진강, 차중 아무튼 북으로 가는 것이었나 모르겠다. 아버지 기념관 못 가서 이런 꿈을 꾸나? 역마가 끼어 하도 잘 돌아다니는 사람이라 그런지는 몰라도 어디를 가는 꿈을 많이 꾸는 편이다. 지금도 이미 기차에 타고 앉은 상태에서 꿈은 시작되었다. 그 차의 사람들 중에 북쪽의 사람들도 타고 있다는 것 같은데 후줄근하고 하나같이 추레하니 생기가 없다. 안 됐다는 생각에 이어 아버지가 떠오르고 이내 차에서 내렸다. 어머니가 보이는 것 같기도 하고 웬 시장 같은 데를 어머니와 함께 걸었다.

잠깐 사이에 어머니가 안 보인다. 감쪽같이 사라졌다. 두리번거리다가 저만치서 손짓하는 어머니를 쫓아가려는데 사람들이 가로막고 갑자기 북적거리는 통에 빨리 따라갈 수가 없다. 손을 휘저으며 어머니를 쫓아가는데 어머니가 차에 오르고 나는 차를 타지 못했다. 아아, 또 놓쳤네. 그 후에 어떤 꿈속을 헤맸는지 깨는 순간 연기처럼 사라져 버린 기억이 야속하다.

꿈에 어머니를 처음 만난 것이 어머니 돌아가신 후 한두 달이나 되었을 때 같다. 정갈한 상에 아무것도 없고 하얀 대접에 샛노란 액체가 담겨 있는데 꿈속에서 약이라는 생각을 했던 것 같다. 어머니는 말이 없이 손으로 그 대접을 가리키며 마시라고 했다. 꿈 깰 때까지 어머니는 한마디도 하지 않았다. 깨고 나서 꿈 얘기를 하니 죽은 사람은 꿈에 보여도 말을 않는다고 해서 좀 덜 서운했다. 그 노란 물을 마시고 싶지 않아 그냥 앉아만 있었다. 이내 어머니는 나를 데리고 나가서 길을 한참 걷다가 저만치서 오는 버스를 향해 빨리 걸으며 나를 재촉했다. 어찌어찌하다가 어머니 손을 놓치고 어머니만 차에 타고 나는 꿈에서 깼다.

꿈에서 깨어난 후 처음 든 생각은 그 노란 액체가 먹고 죽을 약 같았다는 생각을 하면서 내가 하도 어머니를 못 잊고 애통해하니까 어머니가 나를 데리러 왔나 보다. 아무튼, 그 샛노란 색깔이 너무 투명하고 고왔다는 것과 왠지 먹고 싶지 않고 범접하지 못할 묘한 분위기를 자아냈다는 생각만 든다. 그 꿈은 선명하게 지금도 한 장 그림으로 박제되어 뇌리에 남아 있다.

그 후로도 꿈에 누군가와 가다가 그는 차를 타고 번번이 나는 차를 못 타고 깬다. 그런 일이 반복되면서 왠지 그 차를 꿈에서 탔더라면 죽었을 것 같다는 막연한 생각이 들곤 했다. 남편이 세상을 뜬 후로는 자주는 아니지만 남편이 차를 타고 가는 사람으로 주인공이 바뀔 때가 많아졌다. 그런데 오늘은 어머니인 걸 보니 아버지

기념관에 가지 못해서 그런 것 같다. 코로나19 때문에 6.25전쟁 납북자기념관도 어김없이 문을 닫아서 추석 성묘도 못 한 터라 그런가 보다.

또 안 탔다고 중얼거리면서 아직 하늘 열차 탈 때가 아니라고 암시해 주시는 것인가 싶어 가슴을 쓸어내리는 걸 보니 꽤 오래 살고 싶은가보다. 그나저나 꿈에라도 자주 보면 좋을 사람들은 왜 그렇게 꿈에서도 만나기가 힘이 드는지 알다가도 모를 일이다. 마음에 있으면 꿈에도 있다는데 내 마음에 그분들을 모시고 있지 않다는 말인가 싶으니 죄송해지기도 하고 고개가 갸웃거려지기도 한다. 오매불망 잊지 못해 병에 걸리는 것보다 나은 일이니 너무 서운해하지 마시라고 두 손을 모아 본다. 인연의 끈이 얼마나 약하면 꿈에조차 함께 차를 못 탄단 말인가!

꿈도 은혜롭게 꾸지 못하니 믿음의 현주소는 대체 어디쯤에 있는 것인지 한심하기 그지없다.

2021. 4. 25.

순종과 정죄

순종이 제사보다 낫다고 하셨기에 무조건 순종해 보리라고 무진 애를 쓴다. 노력의 대가이기도 하고 믿음이 좀 자랐다고 할 수도 있겠으나 나이가 먹다 보니 자신이 없어져서 자연히 순종은 좀 할 수 있게 된 것 같다. 마음에 안 드는 일이 생기거나 난감한 일이 닥치면 아이고 큰일이다 하면서도 어차피 내 힘으로 되는 일이 아니니 주여 알아서 행하시옵소서까지는 좀 된 것 같다는 말이다. 세상을 살아보니 아등바등댄다고 무슨 일이 내 뜻대로 되는 게 아님을 자연히 알게 되었다. 어차피 그럴 바에야 아예 맡겨드리고 기도하면서 매달려 보는 게 낫다는 결론에 이른 것이다. 그것도 물론 은혜이다.

그다음 고민거리가 정죄하지 말라시는 가르침의 실천이 어렵다는 것이다. 물론 비판과 경책이 있어야 사회가 발전하고 개인도 잘못을 되풀이하지 않을 것이니 세상의 발전을 위해 필요한 것이라는 반론이 있겠으나 일단 주님께서는 정죄하지 말라고 하셨다. 그래 이것도 하나님의 몫이지 내가 할 일은 아니니 정죄하지 말자고 다

짐을 하건만 이것이 웬일인지 순종보다 더 어려운 것 같다.

방송을 보면서 수도 없이 저것, 저런, 저런 것들이 지도층이라니 이게 망국지본이다 해 가며 일갈하고 혀를 차기 일쑤이니 말이다. 잘못이 있어도 그것을 판단하시고 벌하시는 것은 하나님의 하실 일이지 우리 사람들이 함부로 하나님의 사람들을 판단하고 응징하자는 것은 분수에 넘치는 일이라는 것은 잘 아는데 실천이 쉽지 않다. 저주까지도 서슴지 않다가 에구머니나 잘못했습니다, 회개 기도를 숨 가쁘게 하지만 되돌이표다. 언제나 믿음의 분량이 여기까지 성숙되어서 하나님 보시기에 잘했노라 칭찬하실까? 요원한 얘기다.

얼마 전에 교회에서 장로 선거가 있었다. 10분을 뽑아야 해서 20분을 추천했다. 10명 이내를 기표해야 유효표이고 우리 교회가 뽑아야 할 장로님 수효는 10분이라고 목사님이 수없이 강조하셨다. 3차까지 간 투표 결과를 다 합해서 겨우 5분을 뽑았다. 이유는 기표수가 소수에 그쳐서 그렇다는 것이다. 그 정도도 근래에 드물게 많이 선출되었다는 것이다. 매번 있는 일이고 비단 우리 교회만의 고충이 아닌 것으로 알고 있다. 이건 교인들이 순종도, 정죄 안 함도 다 안중에 없다는 반증이다. 교회가 필요로 하는 숫자에 순종할 생각도 없고 후보들의 평가도 후하게 못하는 것은 정죄하지 말라는 가르침도 별로 귀 기울이지 않는 태도의 발로인 것 같다. 지금 이 순간 나도 교인들이 잘못하고 있다고 정죄하고 있지 않은가?

남의 말 하기는 쉬우나 내가 실천하기는 쉽지 않다. 하지만 그 실천하기와 안 하기는 사실 백지장 하나 차이다. 생각하기 나름이다. 어차피 결정을 하나님께서 하실 것이라고 믿기만 하면 아무 문제가 없다. 이제부터라도 남의 일 정죄하느라 분주하게 시간 뺏기지 말고 내가 남에게 정죄 받지 않도록 노력해서 나도 좋고 남도 죄짓지 않게 도와주며 살아야겠다.

2021. 5. 30.

그러니까 의지할 수밖에

그리스도의 향기가 나야지 참믿음이 잘 들어간 사람이다. 잘 알고 있지만 그게 어디 그렇게 쉽던가 말이다. 전철 안에서 서 있는데 마침 자리가 나서 선반에 얹어놓은 가방을 내려서 앉으려고 하는데 총알같이 뛰어와서 한 여인이 털썩 주저앉는다. 그 옆의 자리에 앉으려는데 그 여인이 핸드백을 놓으며 손짓을 하고 다른 여인을 부른다. 집사님, 어서 오라고. 집사라는 소리에 머리를 한 대 얻어맞은 것 같은데 두 여인이 동시에 '오 주여 감사합니다'라고 합창하듯 하는데 불을 쏟아붓듯이 얼굴이 달아올랐다는 게 목사님의 설교 한 토막이다.

그 여인에게서 그리스도의 향기가 날 리 있었겠는가? 그 주위의 믿지 않는 사람들에게는 예수 믿는 사람에 대한 폄하의 감정만 생겼을 것이 자명한 일이다. 사소한 지하철 자리 하나가 생긴 것까지 주님께 감사하는 믿음은 대단한 것이다. 얼마나 매사를 주님께 의지하고 살았으면 그 상황에서 감사가 터져 나오겠는가 말이다. 그런데 야고보 사도의 말씀처럼 행함이 없는 믿음은 죽은 믿음이라는 관점에서 보면 한심한 일인 것이다. 다른 사람은 전혀 개의치 않고 자신과 자신의 친지만 챙길 줄 아는 그 행동은 이웃 사랑과 정면으로 반대의 일이기에 그렇다.

행함이 쉬우면 누구나 다 쉽게 신앙생활 할 수 있다. 하지만 말이 쉽지 진정한 행함은 거의 불가능에 가까운 수준이다. 용서, 끝까지 용서할 수 있는가? 겉옷을 주면 속옷까지 줄 수 있는가? 일일이 열거할 필요도 없이 어쩌면 단 한 가지도 완벽한 실천은 불가능에 가깝다 할 수도 있다.

그러기에 예수님을 믿는 것이라고 하면 궤변이 될지 모르지만 그렇게 행할 자신이 없으니 예수님께 매달려 믿습니다, 아버지여 구원하소서 하는 것이 아닐까? 하지만 목표에 이를 수는 없다 할지라도 그곳을 향해 열심히 노력은 해야 한다. 앞의 그 여인이 자기만 앉고 조용히 친구를 불러 자기 자리에 앉히면 얼마나 덕스러워 보였을까? 서로 양보하며 주거니 받거니 하는 사이 집사님이라 칭하는 것을 옆 사람들이 들으면 야, 예수 믿는 사람들은 다르다면서 진정한 그리스도의 향기를 맡을 수 있었을 것이다

그 여인들을 정죄함이 아니라 그들이 내 거울이기에 부끄러운 것이다. 지하철 엘리베이터를 탈 때 덜 바쁘면 양보도 할 수 있건만 그래 본 기억이 별로 없다. 뒤에 와서 앞으로 밀고 들어가는 사람을 흰 눈으로 보아왔지 양보해 줄 생각은 꿈에도 한 적이 없다. 우리는 이웃 사랑을 거창한 일로 생각하기 쉬운데 그런 사소한 일을 실행에 옮기면 행하는 믿음이 되고 비로소 그리스도의 향기를 뿜어내게 되는 것을 까맣게 잊고 산다. 말씀은 말씀대로 듣고 행동

은 행동대로 각각 논다.

이제부터라도 조금 덜 피곤할 때면 자리도 좀 양보하고, 엘리베이터도 혼잡할수록 먼저 양보하면 얼마나 훈훈한 세상이 될까? 주위 사람들에게 내가 예수 믿어서 이렇게 한다고 써 붙이고 다니지 않아도 하늘에서 상을 예비하실 테니 신경 쓸 필요도 없지 않겠나? 그것보다도 더 성숙한 믿음은 그저 행할 뿐 그 이상의 생각을 하지 않는 것이다.

모두 나 하나가 향기를 뿜으면 세상은 향기로워지고 그 향기에 취한 불신자들이 속속 예수께로 모여들 테니 우리는 아주 작은 것부터 실천만 해 보자. 이런 사소한 일조차 뜻대로 안 되니 우리는 온전히 주께 의지하고 살 수밖에 없지 않겠는가?

2021. 6. 20.

이기심을 버린 기도여야

범사에 감사하고 쉬지 말고 기도하라 하셨지만 무언가 많이 받았을 때 감사가 밀고 올라오고 갈급해야 기도가 절로 나오는 게 보통 사람들의 신앙 수준이 아닌가 한다. 그 범주를 크게 벗어나지 못하던 터에 그럭저럭 나이가 먹다 보니 어느 날부터인가 낭패 당했을 때 이만큼만 당하게 해 주셔서 감사하다는 기도가 절로 드려지는데 놀랐다. 건강이 많이 안 좋아졌을 때 남겨주신 건강에 대해 감사하게 된 것도 나이 덕이다.

요즘은 그렇게 된 자신에 대해 기특해하며 그런 선물을 주신 하나님께 감사하고 지내게 되었다. 그런데 아직도 설익기 그지없는 자신을 발견하고 쓴웃음을 짓는다. 손녀가 수학능력시험을 보아야 하기에 기도를 시작했다. 항상 하나님께 아이를 의탁하는 기도를 드려 왔지만 집중적으로 입시를 위한 간구가 시작된 것이다. 상위 그룹에 들어가지 못한다기에 서울에 있는 4년제 대학 아무 데나 들어만 가게 해 주시라고, 집에서 다닐 수 있게만 해 주시라고 빌고 또 빌었다. 내 딴에는 이보다 더 겸손한 기도가 어디에 있겠느냐 싶었다.

수능 시험일에 오전에는 강의가 있어 일을 마치고 4교시 시간에 서야 교회 기도실에 갔다. 목사님이 기도를 인도하시며 말씀을 하고 계셨다. 그런데 기도나 말씀이 우리 아이들이 최선을 다해서 시험 잘 치르게 해 주시라는 것보다, 아이들이 안정된 마음으로 시험 잘 치르고 마음의 평온을 갖게 해 주시라는 기도가 주 내용이었다. 그러더니 이어서 아이들이 실망해서 마음이 약해져 극단적인 생각들을 품지 않도록 보호해 주시고 악령이 틈타지 못하도록 지켜주시라고 기도하는 것이 아닌가?

아니 이게 무슨 해괴한 일이냐, 아이들이 시험 잘 보게 해 달라고 매달려야 할 시간에 왜 저런 엉뚱한 말씀을 하실까? 의아하고 이상했다. 그런데 기도를 계속하고 말씀을 듣는 동안 묘하게 마음의 변화가 일어나 나도 모르게 아멘으로 화답하며 그 기도와 말씀에 빠져들어 갔다. 기도를 마치고 교회 문을 나서는데 낙천적인 아이를 생각하며 감사했다.

그러고서도 계속했던 대로 기도했다. 아이의 상황을 물으니 시험은 점수는 낮지만 제 실력에 아주 가까운 점수가 예상된다고 했다. 그러면 됐다. 다음은 하나님께서 인도해 주시는 대로 따를 수밖에 없지 않느냐 싶었다. 그런데 시험 보고 온 날 아이가 심상하게 방에 들어가서 자는 줄 알고 안심하고 있는데 갑자기 밤에 이상한 소리가 들려 가 보니 짐승 소리에 가까운 괴성을 지르며 울고 있더라는 것이다. 얼마나 울었는지 모른다는 아들 말에 가슴이 철렁 내려앉으며 목사님 말씀이 생각났다.

당장에 기도가 바뀌었다. 하나님 교만을 용서해 주시옵소서. 제가 기준을 정해놓고 하나님께 이래 주세요, 저래 주세요 한 방자한 죄를 용서해 주시고 우리 손녀 마음을 위로해 주시라고, 정말 악령이 틈타지 못하게 해 주시라고 간절히 기도했다. 하나님의 전권을 인정하지 못하고 제 기준에 따라 하나님 이렇게 해 주세요, 저렇게 해 주세요 하는 것이 얼마나 큰 죄인가를 깨닫게 해 준 손녀에게 감사한다. 서울에 있는 4년제 대학이라는 조건부 기도, 이 얼마나 방자하고 건방진 기도인가? 하나님 뜻대로 저 아이의 앞길을 온전히 맡겨드리오니 저 아이에게 좋은 것으로 인도하여 이루게 하옵소서. 그리고 아이의 평안과 위로의 기도를 아낌없이 드렸다.

논술 시험을 치르러 이 학교 저 학교를 찾아다니는 입시 여정이 약 한 달쯤 걸리는 모양이다. 하나님께 온전히 맡겨드리리라 하면서도 아직도 시험 잘 치르게 해 주시라는 욕심을 버리지 못하고 있다. 그래도 서울에 있는 4년제 대학 같은 조건은 전혀 달지 않고 낮은 자세로 모두 주께서 알아서 저 아이의 앞길을 인도해 주시옵소서가 주 기도 내용이 되었다. 이렇게 손녀를 통해 제 길을 찾게 해 주신 하나님께 감사한다. 정말 마음 밑바닥에서부터 어디를 가게 되든지 하나님께 전권을 맡겨 드리는데 아무 아쉬움이 없는 것이 신기할 지경이다.

대통령 선거로 온 나라가 벌집이다. 누가 대통령이 되어야 한다고 간절히 기도하던 태도도 바꿔야겠다는 생각이 든다. 내 생각에 누가 되어야겠다는 기준이 아니라 하나님께서 보시기에 이 나라에 가장 합당한 대통령을 뽑아 주시라고 기도해야 할 것 같다. 그런데 그게 잘되지 않는다. 왜 그럴까? 손녀에게는 사랑이 있고 그들에게는 사랑이 없어서인 것 같다. 그 사람이 대통령이 되는 것이 내 손녀가 대학에 들어가고 못하고 하는 일보다 중요하지 않아서이다. 내게는 손녀 일이 더 중요한 것이고 손녀는 사랑하므로 그 아이가 잘못되면 안 되니까 하나님께 온전히 맡길 수 있는데 그들은 내가 사랑해서가 아니라 필요해서, 원하기 때문이다. 이기심이다. 이런 이기심도 끊어 주시라고 기도해야 한다. 그래야 나라가 산다.

2021. 11. 28.

예수님 흉내라도

"나팔 불 때/ 나의 이름/ 나팔 불 때 나의 이름/ 부를 때에 잔치 참여하겠네"

무심히 찬송을 따라 부르다가 정신이 번쩍 들였다. 과연 나팔 불 때 나의 이름이 불릴 수 있을까? 한쪽 손은 그렇다고 동그라미를 그리고 한쪽 손은 아니라고 가위표를 긋는다. 예수님을 믿으니 그 백으로 명단에 들어가 있을 것이라는 것이 동그라미를 그리는 이유이고 제자의 삶을 온전히 산 흔적이 없으니 가위표를 긋는 이유라고 두 손은 서로 자기가 맞는다고 아우성이다.

올해도 어김없이 크리스마스 장식이 예수님의 성탄을 앞장서서 인도하고 있다. 거리 곳곳에 오밀조밀하게 켜지는 환상적인 조명등에 취해서 야경을 즐기는 일에만 정신을 팔다가 예수님께서 이 땅에 오신 깊은 뜻 같은 것은 아예 거들떠보지도 못한 채 성탄절을 그냥 넘기기 십상이다. 홀로 사는 노인들에게 김장을 담가 드렸다고 하면 좀 미안한 생각이 들기도 했는데 이제는 으레 치러지는 연중행사쯤으로 들어 넘기고 마는 일이 되었으니 봉사 같은 것 하고는 담을 쌓아 버렸나 보다.

낮은 곳에 임하신 예수님을 혼자 두고 들떠 돌아다니지 말고 차분히 예수님 흉내를 내 보도록 궁리를 해볼 일이다. 죽은 자를 살리고, 오병이어의 기적을 행하는 것 같은 그런 어려운 것 말고 사랑부터 해 보자. 그것도 어려울 듯싶으면 용서하자. 내게 잘못했던 사람들을 모두 용서하고 마음속 깊이 박혀 있는 한과 증오를 한순간에 날려 버리자.

항상 깨어 있다가 나팔 불 때 얼른 뛰어나가서 잔치에 참여하리라.

2006. 12.

5

하나님의 의를 이루는 도구

예수님 어떤 게 먼저예요

'내가 너희를 사랑한 것 같이 너희도 서로 사랑하라'
'땅끝까지 가서 내 복음을 전하라'

예수님께서 우리에게 하신 당부와 명령이 여러 가지 있지만 크게 요약해서 보면 이 두 말씀이 양대 산맥을 이루고 있는 것 아닐까? 고 이태석 신부의 일대기를 그린 뮤지컬 「사랑해 톤즈」를 보고 앉아서 갑자기 떠오른 생각이다.

10남매를 혼자 기른 어머니가 의사가 된 아들의 혼처가 나온 날 그 아들의 입에서 신부가 되겠다는 폭탄선언을 듣고 하나님께 기도한다. '하나님 너무 하십니다. 신부 둘, 수녀 둘 드렸으면 됐지 왜 신부를 또 부르십니까? 우리 태석이는 안 됩니다. 그 애는 의사예요. 안 됩니다. 안 돼요, 못 보냅니다. … 아 제가 잘못했어요. 보내겠습니다. 예수님의 명령을 거역하다니요. 제가 잘못했습니다.'

불순종을 금세 회개하며 온전히 순종하는 그 어머니의 믿음에 가슴이 먹먹해지면서 부끄러워진다. 나는 어떤가, 저런 수준의 순종은 고사하고 아주 작은 일에도 내 입장에서만 생각하기 일쑤이지 예수님의 생각과 입장은 어떠실지를 먼저 생각하고 행동해 본 적이 있는가? 꼬리를 물고 밀려오는 물음에 도리질을 치며 눈가가 젖어 온다. 그 어머니에 그 아들이라는 말이 맞을 것 같다. 신부가 되어 아프리카로 떠난 이 신부는 톤즈라는 아주 작은 마을에 들어간다. 싸움과 가난 질병 등 만신창이의 지옥 같은 그곳에 사랑으로 본을 보이면서 사람들을 예배에 모아들인다. 그러면서 평화롭고 살만한 곳으로 바꾸어나간다. 학교도 세우고 병원도 세우고, 그야말로 한국의 슈바이처라 할 만한 일들을 한다. 예수를 믿어야 한다는 말을 하는 장면은 거의 없고 오직 사랑과 실천으로 사람들을 감복시키고 그들을 사람답게 살 수 있도록 돕는다.

극을 보는 내내 떠나지 않는 물음은 사랑과 전도 그 둘이 다 중요한 것을 알지만 과연 그중에 하나를 꼽으라면 어느 것이 먼저일까? 교회들이 사랑을 실천하라고 가르치지 않는 것은 아니지만 전도훈련에 더 열을 올리고 사랑의 실천은 그다음으로 하고 있는 것 같은 생각이 들어 천주교가 역시 사랑을 우선시하는 것 같다는 생각까지 들었다. 암으로 고국에 돌아와서 하늘로 떠난 이 신부는 톤즈에 영원히 살아있다.

공연장을 나와서도 한동안 깊은 상념에서 빠져나오지 못하고 어느 것이 먼저냐고 예수님께 계속 물으며 밤길을 걸었다. 순간 사랑을 실천하지도 못하고 메말라 있는 것이 문제이지 우리들의 교회가 문제가 아님을 깨달았다. 다른 사람은 다 하고 있는 그 실천을 바로 너만 못하고 있었음이라는 힐책이 귀에 꽂히면서 수많은 선교사들에게 미안해졌다. 수많은 이 신부들이, 우리의 선교사들이 세계 도처의 오지에서 목숨을 내놓고 충성하며 사랑을 실천하고 있는 것을 잠시 잊은 것이다. 그래, 예수님의 당부는 모든 것이 다 소중하고 지켜 행해야 해, 거기 무슨 우선순위가 있어, 하지만 사랑을 실천하는 전도가 최고의 전도야, 하는 생각이 든다. 믿음 소망 사랑이 다 중요하지만, 그중에 제일은 사랑이라 하신 예수님의 가르침을 이제라도 실천해 보라고 말씀하신다.

예수님께 어떤 게 먼저냐고 물으며 마치 우리 교회들이 무슨 잘못이라도 하고 있는 양 힐책하던 교만이 부끄럽다. 더 힘이 없어지기 전에 노숙자에게 밥이라도 퍼야 하나? 그것보다 먼저 바로 옆에 도움이 필요한 사람이 있으면 외면하지 말고 힘닿는 데까지 도우라고 말씀하신다. 가난 구제는 나라도 못 한다는 옛말을 방패 삼아 내가 어떡해라는 안일한 생각을 버려야겠다. 시집와서 살면서 계속 희생적으로 살았다고 믿었는데 그것은 희생이 아니라 결국 나 자신을 위한 노력이었을 뿐 결코 사랑일 수 없는 것이었다는 데 생각이 미치자 나 자신이 마치 무슨 벌레 같아 보인다. 이 벌레 같은 나 위해 주 돌아가셨다는 찬송가를 나직이 부르며 현관문을 열고 들어서니 예수님이 웃고 계신다. 너는 벌레 아닌 사랑스럽고 소중한 내 딸이라며 맞아 주신다.

2013. 9. 13.

아담 근성

오늘도 영상예배를 드렸다. 어제 저녁때까지만 해도 오늘은 꼭 교회에 가리라고 다짐했다. 게다가 심사를 건드리는 못된 인간들이 말도 안 되는 문서를 보내오는 바람에 내일은 반드시 교회에 나가서 하나님께 마음을 풀어놓으리라, 그리고 모든 것을 온전히 맡겨버리고 미워하는 죄를 범하지 않으리라 다짐했다. 그래도 마음이 싱숭생숭해서 하나님께 기도했다. 하나님 저 좀 재워주시라고.

아주 편안히 자고 깨니 마음이 가뿐하다. 그런데 1부 예배시간이 되니 나도 모르게 핸드폰을 켜고 예배드릴 준비를 하고 있는 게 아닌가, 순간 멈칫 놀라면서 아니 오늘 교회 가기로 다짐했잖아? 속으로 반문했지만, 어느새 몸은 정좌하고 성경을 펴들고 있었다. 그때 귀에서 속삭이는 소리는 '오늘 원고 보낼 일도 있고 할 일이 많잖아? 그리고 네 나이가 지금 몇인데, 노약자나 힘든 사람은 오지 말랬잖아? 혹시 네가 누군가에게 모르는 사이에 옮겨 놓을 수도 있을지 모르니 많이 돌아다니는 너 같은 늙은이는 근신하는 게 교회에도 덕이 될 거야.'였다.

참 기막힌 일이다. 어떻게 사람이 이렇게 망가질 수 있는 것일까.

솔직히 고백하건대 어느 사이에 교회 가는 것이 일로 느껴지며 방에 앉아 목사님의 말씀과 예배 순서를 따라 하면서 성전에 앉아 있는 최면을 걸어가는데 길들어진 것이다. 교회에 모여 기도하기 힘쓰라, 여기는 기도하는 집이다, 내 피로 세운 곳이다 하는 말씀들은 어디로 출장을 가 버린 것이다. 내 마음을 꿰뚫어 보시기라도 하셨는지 오늘 말씀은 공교롭게도 아담이 선악과를 먹고 난 후 하나님의 질문에 '하나님께서 제게 주신 아내 하와가 주기로 먹었나이다.'고 하는 인류 최초의 파렴치한 핑계, 비겁함의 극치를 다룬 내용이었다.

내가 먹었나이다고 했어야지 왜 하나님을 걸고 넘어질까 보냐는 말씀은 바로 네가 편하려고 집에서 영상으로 드리는 예배를 왜 마치 방역을 위한 것인 양 미화한단 말이냐고 꾸짖고 계셨다. 영상예배도 예배이니 드리는 마음가짐과 자세가 문제이지 나쁠 것은 없겠지만 그 근원인 마음이 어떤 것인가가 문제 아니겠는가? 그렇다, 1년이라는 긴 시간이 지나는 동안 편리함에 익숙해져 본질을 잊어버린 것이다. 아니 자기합리화에 동화되어 이게 본질이 돼 버린 기분이다.

다른 일은 다 보러 다니고 해외여행이나 지방 여행을 못 가서 그렇지 서울 안에서는 거리낌 없이 마스크 하나 믿고 잘도 다니면서 유독 교회만 못 가면서 교회 방역에 폐가 될까 봐 그런다는 변명을 마치 교회를 위하는 것처럼 착각하고 그것이 잘못인지도 모르는 무감각이 어디서 온 병폐일까? 그것은 내 자신의 신앙의 깊이에 문제가 있는 것이지 어떤 것에서도 다른 이유를 찾을 수 없다. 그것은 자신이 너무 잘 알고 있는 일이다. 그래 내가 바로 그 아담과 무엇이 다르랴. 예전에 친구 은경이가 하던 말, 아담 근성을 버려야 믿음도 바로 서고 인간도 바로 된다던 그 넋두리 같던 말을 오늘 서야 제대로 알 것 같다.

장로님 따님인 은경이는 개종하고 처음 교회에 나간 이 못난 친구에게 충고했다. 하나님께 너무 큰 것을 바라지 말고 남편을 앞서가는 열성을 보이지 말라고. 그때는 못 알아들었던 그 말을 곱씹어 볼 수 있게 된 후로는 어찌어찌하다가 그 친구를 못 만났다. 아직 살아 있기나 한 건지 그조차 잘 모르니 참 무심하고 나쁜 친구가 바로 나인 것 같다.

친구야 몸이 안 좋거든 영상예배라도 열심히 드리면서 몸조심하고 있어. 세월 좋아지면 만나보자. 다음 주에는 꼭 교회에 갈 수 있도록 저를 좀 이끌어 주시라는 기도를 한 주 내내 드려야겠다. 사순절을 이렇게 건방지게 보낼 수는 없는 노릇이니 말이다.

2021. 3. 14.

하나님의 의를 이루는 도구

복 많이 받으라는 새해 덕담을 나누며 신 구정을 다 보내고 학교들이 새 학기를 시작하는 희망의 3월이 되었다. 복이 무엇일까? 여러 가지로 말할 수 있겠지만 우리들 예수님 제자들의 입장에서는 그 은혜를 많이 받는 것이 바로 복일 것 같다. 복을 받을 수 있도록 행동하고 사는 것 자체가 복일 것이고 그 말씀을 따라 사는 것이, 복이라는 것을 깨닫고 믿는 것이 곧 복이 아니겠는가? 날 때부터 그런 이치를 알고 태어나는 사람은 아무도 없다. 정말 운 좋게도 모태부터 복음을 접한 사람은 자연스레 그런 복에 일찍 쉽게 접근할 수 있고 그렇지 못한 삶은 누군가에게 듣지 않으면 그런 행운에 가까이 갈 수가 없다. 얼마나 중요하고 좋은 것이면 복음이라 했겠는가?

많은 사람에게 이 좋은 소식을 빠르게 효율적으로 전하는 수단이 여러 가지가 있겠으나 글이라는 방법이 없으면 거의 불가능한 일이라 생각한다. 먼저 믿은 사람들이 자신의 생활 속에서 일어나고 겪는 일들을 솔직하고 진솔하게 써내는 글들을 엮어서 한 권의 책으로 전달하는 것은 매우 중요하고 유익한 일이다. 이런 중요성을 간파한 선배들이 한국크리스천문학가협회를 창설하고 『크리스천문학』이라는 잡지로 사람들에게 복음을 전하기 시작한 지 어언 58년이 되어 이제 68호를 펴내게 되었다.

입에 담기 힘들 만큼 엄청난 죄악과 혼돈 속에 빠져 있는 오늘의 우리 사회를 새롭게 바로 세우고 더러운 물을 깨끗한 물로 정화시킬 수 있는 힘은 복음만이 갖고 있다고 본다. 이런 시점에서 우리는 문서선교의 사명감을 더욱 불태워서 더 많은 사람들에게 이 책이 전해지도록 지혜를 모아야 한다. 칼보다 강하고 무섭다는 펜을 가지고 우리는 용기 있게 하나님의 말씀을 전하는 글들을 예술성을 살려서 써야 하는 막중한 책무를 지닌 전사들이다. 조그만 일에서도 감사를 발견하고 그것을 진솔하게 써서 독자의 가슴을 울리면 그것이 바로 문서선교가 되는 것이 아닌가?

천륜도 무시되고 인성이 실종된 사회를 이대로 방치할 수는 없다. 우리 크리스천 문인들은 통곡하는 심정으로 펜 끝을 예리하게 갈아 여기 세상을 위한 훌륭한 도구로 쓰이고자 이렇게 세상에 다시 엮어 내보낸다. 원숭이해 올해에는 하나님의 정의가 빛을 발하고 세상을 향해 바로 섰으면 좋겠다. 그렇게 세상을 바꾸는 일을 할 수 있는 도구가 될 수 있도록 혼신의 힘을 다해 쓰고 또 쓰자. 그리고 널리 널리 보급해서 독자를 늘릴 것이다.

큰 책임을 맡겨 주신 회원들의 뜻을 받들어 문서선교의 도구가 될 크리스천 문학의 알찬 발전을 위해 도구로 쓰임 받기를 원한다. 그 일에 아주 작은 힘이라도 보탤 수 있다면 감사할 뿐이다.

2016. 1.

백합화의 치욕

부하려 하는 자들은 시험과 올무와 여러 가지 어리석고 해로운 욕심에 떨어지나니 곧 사람으로 파멸과 멸망에 빠지게 하는 것이라 / 돈을 사랑함이 일만 악의 뿌리가 되나니 이것을 탐내는 자들은 미혹을 받아 믿음에서 떠나 많은 근심으로써 자기를 찔렀도다/ 오직 저 하나님의 사람아 이것들을 피하고 의와 경건과 믿음과 사랑과 인내와 온유를 따르며/ 믿음의 선한 싸움을 싸우라 영생을 취하라 이를 위하여 네가 부르심을 받았고 많은 증인 앞에서 선한 증언을 하였도다(딤전 6:9~12)

이 세상에서 돈을 싫어하는 사람도 있을까? 오죽하면 배 속의 아기에게 '예 있다 돈' 하면 얼른 엄마 배 밖으로 나온다는 너스레가 다 생겨났을 지경이다. 돈은 사람이 살아가는 데 없어서는 안 되는 매우 중요한 것임에 틀림이 없지만 바로 이 돈 때문에 올무에 걸릴 수 있음을 바울 사도는 경계하고 있는 것이다. 비단 성경에서만이 아니라 옛 성현들도 앞을 다투어 돈 앞에 절하고 몸을 굽히지 말 것을 누누이 가르치고 있다. 돈은 좋은 것이지만 살아가는 데 꼭 필요한 것이다 보니 한없는 욕심의 대상이 된다. 그래서 성경은 일만 악의 뿌리가 돈을 사랑하는 것이라고 경고하고 있다.

연전에 어렵게 시작한 밥장수로 일생을 벌어 모은 전 재산을 장학금에 써 달라고 기탁한 할머니가 세상의 화제가 됐던 적이 있다. 그 어른은 어떻게 그 싼 밥을 팔아서 이렇게 많이 모을 수 있었느냐는 질문에 간단하게 답했다. 돈에는 눈이 있다고. 어리둥절해 하는 기자에게 그 선행 할머니는 두 번째 직격탄을 날렸다. '자기를 사랑하는 사람에게 돈은 모여진다.' 사랑하는 사람에게는 최선을 다하게 되고 그를 위해서는 모든 것을 희생할 수 있다. 그처럼 돈을 위해서 모든 우선순위를 양보할 수 있는 사람에게 비로소 돈은 모인다는 것이 그 어른의 부연 설명이었다.

우리는 그 말을 들으면서 숙연해지는 마음이었고 경의를 표했다. 그분에게서 과욕이라든가 탐욕이라든가 하는 느낌이 전혀 떠오르지 않아서였다. 중요한 것은 그 돈을 버는 수단이 정직하고 올바른 것이었고 몸을 아끼지 않는 성실성이 돋보여서 고개가 숙어진 것이다. 게다가 그토록 일생을 헌신한 결과물을 아낌없이 뜻있는 일에 쾌척하는 용단에 보내는 환호였다 할 수 있다.

돈을 벌기 위해서는 수단과 방법을 가리지 않고 전력투구하다가 무리수를 두고 나락에 떨어지는 경우가 많다. 애꿎은 돈이 비난의 대상이 되는 이유이기도 하다. 돈은 우리에게 편리한 생활을 할 수 있게 할 뿐 아무 죄가 없다. 그것을 향한 인간의 욕심이 문제의 발단일 뿐이다. 돈이 바로 불행이 아니라 그에 대한 분수 넘는 갈망이 원인인 셈이다. 부자가 죄인이 아니라 부도덕한 부자가 문제일 뿐이다. 게으른 가난뱅이는 나쁜 부자 못지않은 문제 인간임도 간과해서는 안 되는 것이 오늘의 세태라 할 수 있다.

어쩌면 존경받을 만한 부자가 눈에 잘 띄지 않는 것이 우리의 비극일 수 있다. 거부는 아니지만, 앞의 밥장수 할머니처럼 그런 부는 존경의 대상이 아니던가? 연일 신문을 장식하는 부정부패는 비단 돈을 벌기 위해 벌이는 무한경쟁의 기업들만의 전유물이 아니라 공직사회가 더 주역을 하고 있어 실소를 금치 못하게 하고 있다. 국민의 혈세를 먹고 사는 사람들이 큼지막한 주인공들이고 기업은 오히려 조연도 아주 미미한 조연을 하고 있는 모양새다. 정경유착의 고리를 끊어내야 하는 이유를 모를 사람은 없건만 그 일을 해내기란 그리 쉬운 노릇이 아니다. 급성장의 과정에서 어쩔 수 없는 부산물이었다지만 이제 제 살을 도려내는 과감한 수술을 감행해야 한다. 여기서 멈칫거리다가는 그 독이 온몸에 퍼져 생명을 잃을 수 있다. 그것이 지금 우리의 현실이다. 지나쳐서 문제가 된다는 지적을 받고 있는 세칭 김영란법이라는 것이 다 만들어지는 기막힌 나라이기도 하다. 온 국민이 힘을 합쳐 부정부패의 고리를 끊어야 한다고 아우성인 이 땅이다.

대통령 바로 다음 자리의 고위직을 수행했던 초고위 공무원이 뇌물을 받았느니 아니니의 시비를 벌인 지 5년이나 지나서야 겨우 대법원 판결로 유죄가 확정되었다. 그 긴 세월 동안 국회의원 배지가 그의 어깨에 붙어 있었다. 형사 사건 재판이 5년씩 걸린다는 사실에 국민들은 전혀 수긍할 수 없었지만 어찌된 영문인지 그 재판은 그리도 길고 길게 끌어왔다. 대법원의 확정판결이 났으니 우리는 그 결과를 믿을 수밖에 없는데 당사자는 결백을 외치며 대한민국 사법부의 판결 결과를 능멸하는 발언으로 국민을 또 한 번 실망시켰다. 지친 백성의 마음이야 아랑곳없이 감옥에 들어가기 전에 정리할 시간을 달라는 요청을 받아들인 법무 당국의 처사로 나라는 또 한 번 기괴한 기록을 남겼다.

드디어 감옥에 들어가는 날 그는 백합꽃을 손에 들고 나타났다. 안에서 글을 쓰고 지내겠다며 성경을 함께 들고 들어갔다. 그의 입감을 격려하는 추종자들이 한결같이 손에 손에 백합꽃을 들고 흔들었고 그 자신은 또다시 결백을 외치며 개선장군처럼 들어갔다. 거기에 나온 사람들 중에 이 나라의 야당 정치지도자들, 특히 현역 국회의원들까지 다수 끼어 있는 것은 우리네 상식으로는 아연실색할 일이다. 진실이야 하나님만이 아실 뿐이지만 뇌물로 주어진 수표가 그의 동생이 전세 보증금으로 건넨 것 중에서 발견된 것을 무엇으로 부정하며 결백하다고 하는지 그것이 의심스러워하는 말이다.

TV 화면 가득 흔들리고 있는 백합화의 물결을 보고 있노라니 백합꽃이 분노로 치를 떨며 흐느끼고 있는 것 같아 보인다. 백합꽃은 순결, 순수, 순수한 사랑, 신성 등의 꽃말처럼 이름만 들어도 마음을 깨끗하게 해 주는, 사랑받는 꽃으로 우리 곁을 지켜왔다. 저들은 오늘 심한 모욕감을 느끼며 소리 없이 울고 있을지 모른다. 자신의 의지와 상관 없이 아무 곳으로든지 끌려갈 수밖에 없는 식물인 것을 한탄하고 있을지도 모른다. 아무려나 오늘이 저들 백합화에게는 씻을 수 없는 치욕의 날임이 분명하다.

바울 사도는 탐욕의 결과가 결국은 믿음에서 떠나게 됨을 경계하며 선한 싸움을 싸워 이기라고 가르치고 있다. 부디 들고 들어간 성경을 읽으면서 성령의 도우심을 받아 백합화에게 사죄하는 귀한 시간을 갖게 되기를 바란다. 아니면 정녕 자신이 결백함을 확실하게 증명해서 백성의 우울함을 시원히 풀어주든지. 구원의 반열에서 떨어져 나가는 어리석음을 범하지 않았으면 좋겠다는 이 심사가 연민의 정인가 무엇인가 잘 알 수 없지만 그래도 그에게 하나님의 자비하신 은혜가 계속 허락됐으면 좋겠다는 것이 솔직한 심정이다. 어찌됐건 이 나라 역사상 아직은 유일한 여성 총리가 아니었던가? 하나님 앞에 떳떳한 그의 간증을 듣고 싶다.

2015. 9. 27.

그 많은 복 위에 '끼'를 더하면

'받은 복을 세어 보아라'

이 찬송을 난생처음 부르던 그 저녁예배 시간의 떨림을 지금도 잊지 못한다. 모태신앙의 복을 받지 못한 터라 주일학교의 경험도 전혀 없는 사람이니 찬송가를 아는 것이 많지 않았다. 처음 듣는 찬송이 한둘이 아니고 자연스레 배워나가면서 갈급해서 아예 찬송가를 펴놓고 1절부터 혼자 악보를 보며 익혀 나갈 때가 많았지만 처음 듣는 찬송도 그저 심상하게 따라 부를 뿐일 때가 대부분이었다.

지금은 콩고에 선교사로 나가 계시는 부목사님이 받은 복을 한 번이라도 세어보고 감사한 적이 있느냐고 진지하게 묻는 것으로 그날 저녁예배 말씀을 시작했다. 그 신선한 충격은 지금도 생생하게 머리에 박혀서 불시에 밀고 올라오는 불평을 눌러주는 자동 제어장치 노릇을 톡톡히 해 주고 있다.

그날 저녁 말씀을 들으면서 눈물 나도록 감사했다. 아마 이 세상에 태어나게 해 준 부모님에 대해 처음으로 가슴 절절히 감사하지 않았나 싶다. 이런 진리를 만날 수 있게 못난 사람을 불러 주시고 구원해 주신 하나님의 은혜를 입었다는 것이 얼마나 큰 복인가 깊이 깨닫게 되면서 뜨거운 눈물이 볼을 적셨던 것으로 기억한다.

한국장로문인협회가 올해로 20주년을 맞이하게 된 것을 진심으로 축하드린다. 뜨거운 박수를 보내며 부러운 마음을 금할 길 없다. 최소한 큰 복 3을 받으신 분들이 모여 그에 걸맞은 일을 하시려는 의지가 뭉쳐 일한 지 20년, 강산이 두 번이나 변한 세월이다. 아니, 요즘에는 두 번이 아니라 열 번도 더 바뀌는 정도의 세월이다.

문서선교의 일선에서 하나님 나라의 확장을 위해 머리를 모으시고 하나님의 중요한 임직자인 장로, 그중에서도 문인의 복을 받은 장로 문인들의 모임은 보는 이에게 그 자체가 부러움의 대상이다. 하나님 나라에 들어가는 행운, 크게 선택 받은 행운, 그런 반열에 들만큼의 믿음을 가지신 행운, 게다가 글을 쓰는 문인의 행운까지 받으셨으니 부러움을 넘어 까딱하다가는 시새움의 대상이 됨직한 복이 아니겠는가?

흩어져 있으면 눈에 띄지 않을 수도 있는데 모여서 활동하심으로 장로 문인의 수를 늘려 문서선교의 지평을 넓히신 공로는 하나님께서 크게 인정하고 계시리라 믿는다. 말이 쉽지 문인회 하나를 운영해 나가는 일이 그리 녹록한 것이 아니기에 20주년 생신을 함께 기뻐하며 축하드린다. 더욱이 장로님들은 속한 교회의 발전을 위해서 헌신하시느라 여념이 없을 텐데 그중에 틈을 내어 글을 쓰며 문서선교의 막중한 일까지 감당한다는 것은 매우 힘든 일일 수도 있다. 여러 가지 난관을 무릅쓰고 막중한 두 가지 큰일을 묵묵히 해내고 20주년이라는 성공 탑을 쌓으신 노고를 하나님께서 백

배로 갚아주시리라 믿는다.

이제 성년도 지나고 청춘이 무르녹기 시작한 스무 살에 즈음해서 장로문인회원들의 작품이 더욱 발전하여서 많은 믿지 않는 사람들의 가슴을 파고들어 믿는 이의 수가 날로 더하는 역사를 일으키는 복을 더하시게 되기를 두 손 모아 기도드린다. 장로님의 눈높이에 맞는 신앙의 깊은 이야기나 간증 일변도의 내용에는 과감하게 하나님을 모르는 사람들의 마음을 흔들 수 있는 이야기를 덧입혀 관심을 불러일으키는 시도가 필요할 것 같다는 생각이다. 얼핏 보기에는 신앙과 상관없어 보이는 낭만적이고 지극히 사변적인 글감을 동원해서 예술로 승화시킴으로써 불신자의 마음에 파장을 일으킨다면, 그것이 바로 문학의 힘이다. 하나님께서 허락하신 글 쓰는 능력, 그 귀한 달란트를 열심히 갈고 닦아 주님 나라 확장과 영혼 구원의 대업에 동참할 수 있다면 이보다 더한 복이 어디 있겠는가?

이런 변화를 위해서는 어쩌면 잠시 문서선교의 사명자라는 생각을 잠깐 내려놓고 순수 문학작품을 빚어내 보겠다는 일념으로 도전하는 면도 중요한 일이라고 생각한다. 문학이 예술이고 예술은 어차피 '끼'다. 그 끼가 발동되는 것은 문학의 본령이니 '장로님들이 어떻게 장로가…'라는 속박에서 과감하게 벗어나는 것도 발전의 한 모습일 수 있다. 스무 살의 장로문인협회의 발랄한 끼를 고대하며 거듭 축하의 인사를 올린다.

2016. 3. 7.

더욱 좋은 책으로 발전하시기를

안녕하십니까?

먼저 주님 안에서 축하의 인사를 드립니다.

글을 쓴다는 것도 힘든 일이지만 크리스천 문인으로서 주님의 말씀을 땅끝까지 전해야 하는 문서 선교의 일익을 담당하는 사명으로 글을 쓴다는 것은 훨씬 더 힘들고 막중한 책임감을 느끼는 일입니다. 해외에서 생활하시는 교포 문인들의 활동은 더욱 존경스럽고 자랑스러운 일입니다. 고국 생활보다 한결 더 바쁜 일상 속에서 틈을 내어 글을 쓴다는 것은 정말 소중한 일이기 때문입니다. 특히 우리 크리스천 문인들의 경우는 주님을 섬기면서 봉사하고 나누며 글까지 쓴다는 것이 더 값있는 일임은 두말할 필요가 없이 귀한 일입니다.

그냥 각자가 글을 쓰는 것만으로 만족하지 않고 함께 모여 회를 조직하고 친교하며 글을 나누고 해마다 책을 엮어내신 지 어느새 27번이라니 주님께 감사드리며 진심으로 축하의 인사를 드립니다.

LA 크리스천문학가협회 회원들 간의 친교와 글 나눔도 물론이지만 여러분들의 옥고가 믿지 않는 사람들에게 주님의 귀한 말씀을 전하는 좋은 통로가 된다는 것을 생각하면 가슴 설레는 일 아니겠는지요. 타국생활의 어려움과 외로움도 달랠 수 있고 그 가운데서 주님의 사랑을 느끼고 복음을 받아들이는 계기가 된다면 그보다 더 큰 기쁨이 어디 또 있겠습니까?

우리가 멀리 떨어져 있으나 그리스도 안에서 한 형제라는 일체감 때문에 전혀 거리를 못 느끼고 있습니다. 여러분들의 이번 크리스천 문학 27집 출간을 거듭 축하드립니다. 여러분들의 기도 덕택으로 우리 한국크리스천문학가협회는 편안히 잘 운영되고 있습니다. 우리도 여러분들을 위해 열심히 기도하겠습니다.

회원님들 모두 건강하시고 가정에 주님의 은총이 충만하시기 바랍니다. 더욱 좋은 글 많이 쓰시고 문운이 창대하시기 원하며 크리스천 문학이 점점 더 좋은 책으로 계속 발전하여 발간되기를 기원합니다. 감사합니다.

2016. 3. 18.

*회장님 안녕하십니까? 오경자 인사드립니다.
한국크리스천문학가협회의 새 회장입니다.
27집 발간 축하드립니다. 5월에 가뵙지 못하게 되어 죄송합니다.
우선 간단히 인사드림을 양해하시고 만나 뵈올 때까지 안녕히 계십시오.

희망의 달 7월

어느 날 어느 달인들 의미 없는 날이 있을까만 우리 민족에게 7월은 사실 꽤 의미 있는 달이기도 하다. 나라의 기초가 되는 헌법을 만들어 선포한 제헌절이 있는가 하면 민족상잔의 비극 3년의 포화를 일단 멈춘 한국전쟁 휴전협정이 조인된 날도 바로 7월 27일이다. 근대사의 큰 획이라 할 수 있는 이 두 날을 더욱 깊이 생각할 수밖에 없는 요즘의 현실은 마음을 무겁게 하다못해 비감을 지나 깊은 통증으로 이어진다.

헌법을 만든 것은 건국의 전초작업이 완성되었다는 의미이니 얼마나 희망적이고 기쁜 일인가? 1945년 8월 15일 극적이라 할 만한 일본의 무조건 항복에 의한 우리 민족의 광복은 하나님 은혜라고밖에 달리 설명이 어려운 역사적 사건이다. 뜻하지 않은 38선이 강토를 잘라 분단의 비극이 시작되고 급기야 1950년 6월 25일 어이없는 북한 공산군의 남침으로 동족상잔의 비극이 3년여 이 땅을 피로 적셨다. 이 엄청난 비극 속에서 우리는 또 다른 하나님의 섭리를 체험하는 귀한 은혜를 받았다. 숭고한 순교의 현장을 보았고 세계의 기독인들이 앞다투어 도움의 손길을 보내는 감당하기 힘들 만큼의 사랑을 받으며 몸으로 크리스천의 덕목을 소리 없이 배웠다. 휴전은 눈앞에 온 통일의 꿈을 잠시 접어야 하는 아픔이고 한편으론 좌절이었다. 그러나 일단 포화를 멈추고 다시 대오를 정비해서 진정한 통일을 빨리 이룰 수 있는 디딤돌을 마련할 수 있는 기회로 삼자는 희망을 걸고 내일을 기약하는 일이기도 했으니 그 당시로써는 한편으로 희망이기도 했다.

이제 모두 60년이 훌쩍 지나 70년을 바라보는 긴 세월이 흘렀다. 그 소중한 헌법은 정치인들 입에서 심심하면 뜯어고쳐야 한다는 열변에 이어 여러 번 개정을 거쳤고 휴전협정은 생각보다 길게 제 자리를 지키기만 할 뿐 북한은 핵이라는 괴물을 손에 들고 온 세계의 근심 덩어리로 뉴스의 초점이 되고 있다. 그러는 어간에도 우리를 향한 하나님의 사랑과 큰 역사는 끊임없이 이어져 오늘 세계 10위권의 경제 대국 반열에 올라있으니 이 어찌 기적이라 아니 할 수 있겠는가?

광복 후 새 나라를 세우고 그 기초를 닦아 나가던 중 채 정신도 차리기 전에 갑자기 밀고 내려온 전쟁으로 인해 국토는 초토화되고 백성은 굶주림에 내몰리고 고아들은 넘쳐났다. 이때 온 세계의 크리스천들은 구호물자를 보내고 달려와 고아들을 돌보며 고아원을 차리고 급기야 그 아이들을 자신들의 땅으로 기꺼이 안고 들어갔다. 사탕수수밭 이민에 이어 제2의 이민사가 시작되는 순간이라 할 수 있는 일이었다. 교회를 통해 전해지는 엄청난 양의 구호품은 물자의 직접적 혜택을 넘어 받는 이의 영혼을 흔들어 구원의 은혜로

이어지는 또 다른 하나님의 역사로 이어졌다. 한국교회는 전쟁으로 피폐해진 민심을 달래고 배고픔을 덜어주고 나아가서는 영원한 하나님 나라라는 희망을 통해 절망의 이 민족을 희망과 소망으로 이끄는 견인차가 되면서 폭발적으로 성장한다 해도 과언이 아닌 형편이었다. 그리고 그 과정을 통해 우리도 사랑과 봉사와 선교의 소명을 배우고 체득해서 이제 세계선교 열심국이 된 것은 우연이 아니며 얼마나 감사한 일인지 모른다.

이제 우리 한국의 크리스천들은 열심히 이런 일들의 증언자로서의 사명을 얼마나 잘했는지를 겸허하게 돌아보고 더 열심히 역사의 기록자로서의 사명을 다 해야 될 때가 되었다고 생각한다. 대한민국 건국 70주년이 2년 후로 바싹 다가오고 있다. 70년은 여러 가지로 의미 깊은 해임을 우리는 누구보다도 잘 알고 있는 사람들이다. 이제 더는 게으름을 피우지 말고 역사의 기록자로 성실하게 쓰고 남겨야 한다. 내가 겪은 일, 이웃이 겪는 것을 내가 지켜본 일 등을 성실히 부지런히 써야 주님의 책망을 면할 수 있다. 다른 아홉은 어디 있느냐는 그 책망을 두려워해야 한다.

문서선교의 사명은 그 파급효과가 무궁무진에 가깝다고 해도 과언이 아닐 것이다. 모든 일 특히 선교의 일이야말로 계량적으로 설명되거나 증명되기 힘든 부분이지만 특히 문서선교는 열심히 할 뿐 그 열매는 하나님만이 아시는 그런 분야라 함이 옳을 것이다. 우리는 열매에 연연하지 말고 열심히 쓰고 남기면 된다. 그것을 읽는 이가 어디서 어떤 은혜를 받을 것인지는 하나님만이 아시고 그 수효가 많아짐도 하나님의 역사에 속하는 일이다. 우리는 다만 할 뿐이다. 열심히 서 있는 바로 그 자리에서 자신에게 맡기신 달란트대로 녹슬게 하지 않고 성실히 쓸 뿐이다.

이왕 쓰는데 크리스천의 문학은 어떤 것이어야 하는지에 대해 깊이 논의해 보기 위해 이달 희망의 달 7월에 우리는 그 문제를 주제로 여름세미나를 연다. 자, 우리 크리스천 문학가들이 앞장서서 만들자. 희망의 7월을.

2016. 7.

우선 나부터

사람들은 무슨 일이 잘못되면 누구에겐가 손가락질을 하면서 원망부터 하기 마련이다. 누구 때문이라고 넋두리를 하지만 실상은 자기 때문인 것을 까맣게 모른다. 누군가에게 속았다 치자. 그게 속인 사람 탓인가? 아니다, 속은 나 자신 때문이다. 역설 같지만 사실이다. 대부분 속는다는 것은 허황된 말이나 제안에 솔깃해서 나 자신이 동의했기 때문에 이루어지는 일이다.

고도의 수단과 방법을 동원해서 벌이는 큰 사기극일수록 인간의 탐욕을 믿고 자행되는 일임을 우리는 간과하고 산다. 내가 하는 투자보다 엄청나게 좋은 수익을 보장한다는 게 대부분 사기의 시나리오다. 상상 이상의 수익을 기대했다가 상상 이상의 손실에 패가망신까지도 불사할 수밖에 없는 지경에 이르는 것이 그런 경우다.

지나친 탐욕은 그 자체가 이미 죄악이다. 우리나라 기독교인의 수가 줄어들어 간다고는 하지만 아직도 1천만이 넘는다. 인구의 20퍼센트라고 해도 100명 중에 20명이라는 얘기다. 10명이 모였을 때 2명이 올바른 방향을 잡고 간다면 대세를 이끌지 못할 것 같지만 그 2명이 똑 부러지게 바른길을 간다면 세상은 바르게 갈 수 있다.

염치도 예의도 다 엿 바꿔 먹어버린 것 같은 오늘의 세태는 우리 기독인들이 손가락질을 앞으로 대고 할 것이 아니라 제 가슴에 대고 소리쳐 원망하고 회개해야만 올바른 자리로 되돌아갈 수 있다고 생각한다. 거짓이 난무하고 발뺌이 판을 치는 이런 세태는 우연히 찾아온 것만은 아니라고 본다. 거짓은 반드시 드러나고 그 대가를 톡톡히 치르는 세상이라면 거짓이 이토록 판을 치지는 않았을 것이다. 그런 속에 나는 과연 하나님의 사람 2명에 들어가는지 가슴에 손을 얹고 솔직히 물어보자.

선의의 거짓말, 인간관계의 이론 등으로 거짓을 합리화하며 살아온 우리의 문화가 오늘을 만들었다. 거짓이냐 참이냐를 따지는데 그 대답은 안 하고 왜 나만 가지고 그러느냐? 다 그러고들 살았는데 지금도 그런데 왜 나만 가지고 트집이냐?고 하는 것은 본질을 한참 벗어난 망발이다. 우리부터 지금 이 순간 선의의 거짓말도 하나님 앞에서는 죄가 됨을 똑바로 새기고 다시는 작은 거짓도 사절해야 한다. 그래야 눈에 넣어도 안 아플 금쪽같은 내 새끼들이 사람답게 살 수 있는 세상을 만들 수 있다.

2021. 2.

어느새 30집이라니

세월이 유수 같고 화살 같이 빠르다고 하지만 30년이면 짧은 기간이 아니다. 생업이 아닌 어떤 일을 30년 동안 계속해 온다는 것은 그리 쉬운 일이 아니다. 사람이 태어나 자라서 또 새로운 후대를 이어가기 시작한다 해서 30년을 한 세대로 마디 지으면서 의미를 부여함도 여러 면에서 매우 의미 있는 일이라 생각한다.

하나님의 나라를 확장하는 문서 선교의 사명을 감당하기 위해 기독교수필문학회를 결성한 것이 올해로 30년째이고 그 이듬해부터 발간한 『기독교수필』이 30집을 발간하게 되었다. 문학의 여러 장르 중 문서 선교의 도구로 가장 효율적인 것이 수필인데 종교를 문학에 끌어들이지 말라는 일부 원로들의 주장에 대해 작품으로 말하고 기독교 수필가들이 모여 막중한 사명을 감당해야 마땅하다는 결론을 내리고 고 강석호 선생께서 앞장서서 이상보 선생을 초대 회장으로 모시고 1991년 12월 16일에 창립하였다.

매월 월례 예배를 드리고 기독교수필을 논하고 함께 격려하며 문서 선교의 뜻을 다졌다. 교회를 순방하면서 예배를 드리고 함께

토의하며 공부하는 시간이 얼마나 은혜로웠는지 모른다. 모이고 채 반년이 되기 전인 1992년 5월 20일 『기독교수필』 창간호를 교음사에서 발간하였다. 모두 41명이 참여한 창간호는 믿음을 공동 주제로 작품집을 엮었다. 매번 책을 펴낼 때 공동제 주제 수필을 반드시 한 편씩 싣기로 하고 우선 믿음 소망 사랑을 1차 공동제 주제로 선정해서 첫해에 믿음을 공동제로 시작한 것이다.

이어서 성령의 열매를 주제로 하고 신약 성경을 차례로 주제로 삼아 올해 30집의 주제 대상이 야고보서이다. 성경 각 권의 주제를 중심으로 1편씩을 내고 신앙 수필들을 실었다. 회원들은 이 책을 10권씩 20권씩 형편껏 구입해서 자신의 교회나 친지, 전도 대상자들에게 선교용으로 활용하여 많은 은혜를 나누었다.

열정적으로 회를 창립하고 이끌어 오시던 강석호 장로님이 2년 전 하나님의 부르심을 받아 오늘 곁에 계시지 않으니 가슴 한구석이 빈 것 같다. 강 장로님의 노고와 충성에 대해서는 하나님께서 후히 칭찬하셨을 터이니 우리도 열심히 이 보배 같은 일을 잘 이어가야 할 것이다.

2021. 12.

김장호 장로님을 추모하며

- 고향을 그리다가 고향으로

고향 땅이 여기서 얼마나 되나?/ 무른 하늘 끝없는 저기가 거긴데/… 끝내 바로 저기 고향 땅을 밟아 보지 못하고 영원한 고향 땅으로 떠났다. 교장 선생님이라고 부르면 장로라고 불러 달라며 하나님의 직분을 끔찍이도 사랑하고 자랑스러워했던 김장호 장로님, 평생 착실히 걷던 교회 사랑의 길을 은혜롭게 끝까지 잘 걸으셨다. 떠나신 날도 일부러 선택이라도 한 것처럼 화요일이었다. 시간도 오전 10시쯤이니 꽉 찬 이틀 동안 친지들의 문상을 여유롭게 받고 떠나셨다. 주일 예배 등의 일상적인 일과 겹치지 않는 행운도 누리고 말이다.

자상하고 인정 많은 김장호 장로님의 생전 모습이 가슴을 따뜻하게 하며 파노라마처럼 연이어 떠오른다. 그중에서도 임진강을 건너 통일촌의 망배단에서 북녘을 향해 손짓하며 고향 땅이 여기서 얼마나 되나? … 저기가 거긴데, 노랫말을 채 잇지 못하시고 눈물짓던 모습이 잊히지 않는다. 통일의 일념을 붙잡으셨던 것만큼이나 일관된 집념으로 생을 온통 열정으로 불태우며 뜨겁고 신실하게 살다 가신 어른이다.

사람이 한 번 나서 한 번 죽는 것은 정한 것이기에 누구도 그 길을 비켜 갈 수는 없다. 다만 이왕 주어진 한정된 시간을 어떻게 쓰고 가느냐의 문제는 본인의 선택이다. 김장호 장로님은 하나님을 믿는 일에나 교회를 섬기는 일에나 교직에 임하는 자세나 문인의 길을 걷는 일에서나 한결같이 최선을 다하고 정성을 다하는, 그야말로 전력투구하는 분이었다.

기독교수필문학회 회장으로 문서선교에 앞장서고, 색동회 부회장으로 아동문학에 남다른 애정을 가지셨던 분이다. 장로문인회, 크리스천문학가회 등에 열성적으로 참여하시며 장로로, 문인으로, 본이 되는 삶을 사시느라 말년을 정말 은혜롭게 보내셨다. 사랑하는 아내 윤 권사님을 먼저 하늘나라로 떠나보내고 빈 가슴을 별로 숨기지 않고 드러내 보이기도 했던 지극히 인간적인 노인이기도 했다.

아내의 병상을 지키며 주님 안에서의 사랑과 헌신으로 병수발을 들었던 솔직한 심회를 적은 병동행진곡으로 크리스천 문학상을 받고 어린이처럼 좋아하시던 천진한 웃음이 눈에 밟힌다. 기독교수필문학회 회장을 맡고는 어려운 합평회를 추진하고 기어이 자리 잡게까지 만들어 낸 뚝심과 열성을 이제 누가 대신해 줄 수 있을지, 아마 한동안 그 빈자리가 유난히 눈에 띌 것 같다.

이봐요 오 권사, 이건 이렇고 저건 저렇지 않나? 어떻게 생각해요? 자상스럽고 조용조용하게 이어가는 장로님의 다정다감한 음성을 이제 다시는 더 들을 수 없다는 사실이 도무지 믿어지지 않는다. 하나님! 우리 김 장로님 영접 잔치 끝나셨나요? 이제 우리도 슬픔을 그만 접고 장로님이 뿌리신 씨앗이 잘 움트고 싹이 나서 거목이 되도록 가꾸는 일에 팔 걷고 나서야 하겠습니다.

2007. 11.

인자하신 미소가

사람은 누구나 한 번은 죽는다. 하나님께서 그것은 정해진 일이라 하셨다. 우리 믿는 사람들에게는 바로 이 첫 번째 죽음은 아무 의미도 없을뿐더러 어쩌면 축복일 수도 있다. 예비해 주신 또 다른 집, 바로 천국에 가는 길이기 때문이다. 하지만 믿음이 적은지라 그 이별이 영 이별이기에 슬프고 애통하기 마련이다. 정해영 장로님이 오늘 우리 곁을 떠나 아버지 품에 안기셨다. 잔잔한 미소로 언제나 온화한 분위기를 만들어 내시던 장로님의 인자하신 미소를 이제 다시 뵈올 수 없다는 사실이 가슴을 아리게 한다.

장로님은 일찍이 22살의 약관에 공군사관학교 1기생으로 소위에 임관되어 백척간두에 놓인 조국의 하늘을 지켜 이 나라의 수호에 앞장선 어른이다. 대령으로 예편될 때까지 22년이라는 긴 세월을 조국의 하늘을 철통같이 지키시는 첨병의 자리를 마다않고 지켜내셨다. 공군대학 부총장으로 후학을 기르시는 데 힘을 내셨을 뿐만 아니라 공군본부 지휘관리 실장이라는 중책을 맡아 이 나라 공군의 브레인이 되기도 하셨다.

외유내강, 인자하고 조용하시지만 일에 있어서는 칼날 같은 소신을 지켜내셨던 정해영 장로님은 1955년 26살 청년 때 혼인하여(이근실 여사) 1남 3녀를 슬하에 기르시는 다복한 가정복도 누린 분이다. 9명의 손자녀를 두신 할아버지 정해영 장로님은 주일이면 친·외손자녀들의 재롱을 즐기시는 일로 바쁘시기도 했던 축복받은 하나님의 종이셨다. 나라가 어지러울 때 노구를 이끌고 현장을 누비시며 자유대한의 수호를 위해 열정을 보이신 장로님은 시국강연 등 여러 방법으로 자유민주주의와 시장경제 한미 동맹 등을 지키고 강화하는 일에 힘을 모으고 강조하시며 몸과 마음을 바쳐 충성하셨다. 기독교인으로서, 장로의 직분만 충실히 하시는데 그친 것이 아니라 문서선교의 일익을 담당코자 모인 기독교수필문학회 회원으로서의 직무도 정말 충성스럽고 은혜롭게 감당해 주셨다.

예비역 기독 장교로 고넬료회 회장을 역임하기도 하셨던 장로님은 자유민주주의와 시장경제의 수호와 한미동맹의 강화를 위해 분단주곡의 평화적 통일을 위해 강연회장과 각종 집회의 현장에 혼자 가시는 것만으로 만족하지 않고 많은 사람들에게 권유하여 함께 자리를 지키시는 일을 계속하셨다. 여러 가지 자료와 정보들을 열심히 전해주시며 설득하셨다. 뜨거운 여름의 아스팔트 위에도, 열띤 시국강연회장에도, 도서관의 자료실에도 장로님은 몸을 돌보지 않고 열심이셨다.

남현교회를 섬기시고 원로 장로로 추대되어 소천하시던 순간까지 하나님 나라 확장의 선두에 서 계셨던 정해영 장로님, 하나님께서 이제 그 충성스러운 종의 수고를 끝내게 하시고 영접해 올리셨다.

장로님의 머리에서 빛날 의의 면류관 어느 구석에 기독교수필문학회의 충성도 새겨져 있기를 바라본다. 10월 월례회 때 건강한 모습의 장로님을 뵙고 11월 11일 입원으로 11월 월례회 단 한 번 못 뵙고 부음을 접했으니, 건강하시던 어른이 곧장 중환자실로 가셔서 약 3주일 투병하시다 떠나셨으니 정말 복 받은 어른이라 아니 할 수 없다.

10월에는 서산 전투 비행단을 둘러보시고 흡족해하셨다니 가시는 순간까지 하나님 나라 섬기기, 나라 걱정하기로 낮밤을 밝히신 분이라 할 만하다. 이제 조용히 자리를 밝히시던 모습은 기독교수필문학회에서 더 이상 뵈올 수는 없지만, 하늘나라에서 우리를 위한 기도를 열심히 해 주실 터이니 우리는 기쁜 마음으로 보내드릴 뿐이다.

하늘 가는 밝은 길이 내 앞에 있으니….

주님, 정해영 장로님을 아브라함처럼 품에 안아 주시기를 기도하옵나이다. 아멘.

2008. 12.

하나님 나라 확장을 위하여

수필을 쓰기 시작한 지가 40년이 다 돼 가는 데다 책을 몇 권씩 내면서도 하나님과의 이야기는 아직 펴내지 못했다. 처음 쓴 기독교 수필 몇 편은 단행본에 포함시켰으나 따로 모아 기독교수필만으로 단행본을 펴내고 싶은 욕심이 생겼다.

문서 선교의 일환으로 그렇게 해야 할 것 같았다. 역경을 이기고 일어섰거나, 암 같은 불치병과의 투병에서 승리한 이야기들만이 간증거리는 아니라는 생각에서였다. 일상에서 순간순간 만나는 주님과의 이야기들을 글감으로 하는 기독교수필을 써서 독자에게 공감을 얻을 수만 있다면 그야말로 문서 선교로서 더 좋은 도구는 없으리라는 생각에서 작심하고 한 편씩 따로 모아 두었다.

출판비가 만만치 않은 데다 독자들이 앞다투어 사 줄 만큼의 실력이 아니어서인지 책이 많이 팔리지는 않아 거의 자비출판의 수준에 머문 것이 솔직한 고백이다. 그러다 보니 밀린 원고가 미안해 밀려서 수필집을 엮어내는 형편이 계속되었다.

자꾸 뒤로 밀리는 기독교수필 원고 더미를 보면서 하나님께 죄송해서 금년에는 꼭 하나님 책을 먼저 엮어내겠노라 약속하고 도와주시라고 그저 막연히 기도했다. 반년이 지나가도 별 묘수는 생기지 않았다. 이번에는 친구들에게 강매를 해서라도 출판비를 충당하리라 결심하고 원고를 출판사에 맡겼다.

그런데 하나님께서 출판비를 마련해 주셨다. 뜻밖에 원종린 수필문학상 수상의 기쁨을 안게 된 것이다. 그 상금으로 책을 낼 수 있으니 하나님과의 약속을 지킬 수 있게 되어 기쁘기 한량없다.

불교에서 개종한 지 34년 되는 해에 첫 보고서를 올리는 셈이다. 기독교수필문학회가 매년 발행한 '기독교수필'에 수록했던 것과 '크리스천 문학'지에 실린 원고들이 중심을 이루고 그 외에 여러 책에 실렸던 작품들이다.

분량이 많아 여기 못 들어간 작품들을 모아 속히 두 번째 책도 낼 수 있는 복을 받았으면 좋겠다. 부족한 믿음으로 감히 이러고 저러고 쓴 글들이 하나님의 영광을 가리는 우를 범하게 될까 걱정이다.

부디 이 책을 읽는 사람들이 하나님을 만나고, 이미 만난 분들은 그 믿음이 더욱더 굳게 서는 데 도움을 주었으면 좋겠다는 염원을 담아 감히 부족한 책을 하나님께 바친다.

2014. 11.

6

순종

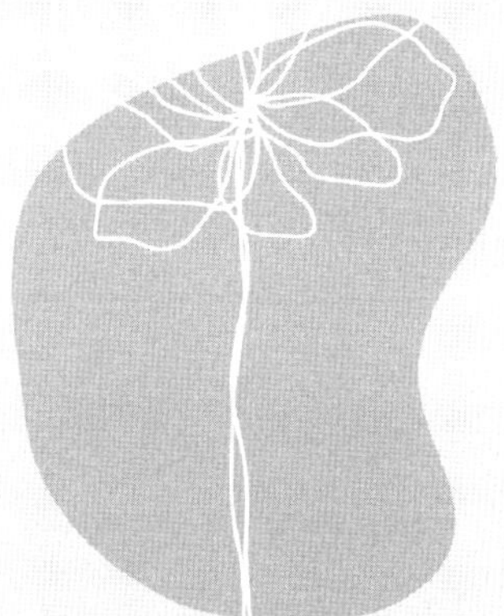

항상 기뻐하라

'항상 기뻐하라 쉬지 말고 기도하라 범사에 감사하라.'

바울 사도가 데살로니가교회에 보낸 서신의 내용 중 마음을 사로잡는 말이다. 어떻게 사람에게 이런 엄청난 당부를 할 수 있는가? 희로애락은 인생의 다반사인데 어찌 항상 기뻐할 수 있겠는가 말이다. 기도를 많이 하는 것은 좋은 줄 알지만 쉬지 말고 기도하라니, 실천하기 쉽지 않을 일 아닌가? 범사에 감사하라니, 좋은 일에 감사하는 것도 깜빡 잊을 때가 있거늘 모든 일에 감사하라니 이것은 사람으로 살지 말고 신으로 살라는 주문이 아닌가 하는 생각만 든다.

보통 사람들도 기쁜 일이 있으면 기뻐한다. 갈급한 일이 생기면 저절로 기도한다. 각자 믿는 대상을 찾아 기도한다. 아니 애원한다. 좋은 일이 생겨도 감사한다. 누가 시켜서가 아니라 저절로 고맙다고 공연히 고개를 꾸벅거릴 것이다. 반대의 상황이 생기면 슬퍼하고 원망하고 이루어진 일에 감사하기 앞서 더 많은 것이 이루어지지 않은 것에 대해 부족해 하고 탐욕을 부린다. 바로 우리 인생들의 자화상이다. 그렇기에 바울은 이렇게 가르쳤다. 예수님의 나라가 가까이 왔으니 참고 기다리면서 성결하게 몸을 간직하며 이렇게 살아서 실족하지 말라고 애타게 적고 있는 것이다. 그러지 못할 때 바로 파멸에 이르기 쉽기에 그 불행을 막아주려고 이렇게 갈파하고 있는 것이다.

남편이 갑자기 입원하고 중증임을 의사가 알렸을 때 믿어지지 않아서 나을 거라고 굳게 믿으며 기도했다. 아마 일생 동안 한 기도의 몇백 배는 될 정도의 기도를 계속했다. 성령님 덕분으로 하나님 뜻대로 하시되 가능하면 살려주시라는 기도를 할 수 있었던 것은 지금 생각해도 감사할 일이다. 45일 동안의 그 기도 덕택으로 남편의 하늘나라 입성을 감사함으로 받아들일 수 있었고 장례 기간에도 추하지 않게 의연한 모습으로 그 길을 지켜줄 수 있었다. 그 후로도 말할 수 없는 그리움과 회한이 밀려와도 오직 기도로 극복할 수 있었다. 더 살아야 할 이유가 없을 것 같은 생각이 들 때도 있었지만 기도로 이겼다. 보고 싶어 미칠 것 같을 때도 하나님 곁에 간 것을 이러면 안 되지, 내가 가면 곧 만날 텐데 뭐, 하는 마음으로 남편을 잘 돌봐 주시라는 기도를 드림으로 평정을 찾기도 했다.

살아야 할 이유가 없을 것 같을 때는 어미로서 아이들의 뒤 기도를 해야지 이 무슨 망발인가 하는 생각을 채찍 삼아 이겨냈다. 세월이 약이라더니 2주기 추모예배를 마친 후 갑자기 마음이 평온해지더니 그동안의 서럽고 처량한 마음이 편안해지며 그리움이 가시는 기분이 들었다. 하나님께서 평안을 선물로 주신 것이다. 감사했다. 하지만 갈급한 마음이 엷어지니까 기도가 전처럼 쏟아지지 않는다. 하나님께서 사랑하는 자에게 적당한 시련을 주시는 이유를 알 것 같아지면서 지금 이만큼 편안한 삶을 계속 살게 해 주시라고 기도한다. 아이들도 이만큼 잘 지내게 해 주셔서 감사하다고 기도한다. 아이들의 건강과 믿음과 형통을 위해서 기도하다가도 탐욕이 아닌가 싶어 회개 기도도 드리게 되어 감사하다.

항상 기뻐하지는 못하겠지만 되도록 기쁜 쪽으로만 생각하려 애쓰며 산다. 바보가 되자, 나사못이 빠진 것이 축복이다, 그렇게 살자, 손해 보며 살자, 그러며 산다. 물건을 잃어버리면 '누가 잘 쓰겠지 뭐 나누지 못하니까 이렇게 해서라도 나누게 하시니 감사합니다.'라고 기도하는 정도는 되었다. 때로 본색이 드러나지 않는 것은 아니지만 예전에 비하면 장족의 발전이다. 남편을 잃고 나서 얻은 지혜이다. 아버지가 납북 되고 난 후 어머니가 항상 입에서 떠나지 않고 하시던 말씀이 사람도 잃고 사는데 그까짓 것 뭐 중요하다고 아웅다웅할까 보냐는 푸념이었다. 그 말이 실감 나는 일이 내게 이렇게 일찍 닥쳐올지는 미처 몰랐지만, 하나님께서 불러 가셨다는 믿음으로 견딜 수 있었다. 천국에 갔다는 확신이 없고 다시 만날 수 있다는 소망이 없다면 아마 미쳐버렸을 것 같다.

하루를 감사하고 하루를 부탁한다. 그것이 이제라도 몸에 붙게 되었으니 얼마나 감사한 일인지 모른다. 아직 범사에 감사하는 일은 수준 이하라고 해야 맞다. 그것도 할 수 있게 해 주시라고 기도해야겠다. 항상 기뻐하는 것도 열심히 노력해서 몸에 붙게 해야 할 텐데 열등생 면하기 전에 불러 가실까 두렵다. 상급은 못 받아도 들어가기는 해야 할 곳이 천국이기에 하는 걱정이다.

장 속에 넣어두었던 한글서예 족자를 꺼내 걸어야겠다. 타계하신 이학 여사가 내게 부족한 것이 이것임을 어떻게 미리 알고 이 성경 구절을 써 주셨을까? 동글동글한 글씨가 항상 미소를 잃지 않는 그 어른을 닮았다.

'항상 기뻐하라. 쉬지 말고 기도하라. 범사에 감사하라.'

2013. 9. 16.

영광을 얻게 하려 하심이라

'이를 위하여 우리의 복음으로 너희를 부르사 우리 주 예수 그리스도의 영광을 얻게 하려 하심이니라'(살후 2:14)

바울 사도는 데살로니가교회에 보내는 편지에서 이 말씀에 앞서 악인에 대해 먼저 쓰고 있다.

'불의의 모든 속임으로 멸망하는 자들에게 있으리니 이는 그들이 진리의 사랑을 받지 아니하여 구원함을 받지 못함이라. 이러므로 하나님이 미혹의 역사를 그들에게 보내사 거짓 것을 믿게 하심은 진리를 믿지 않고 불의를 좋아하는 모든 자들로 하여금 심판을 받게 하려 하심이라'(살후 2:10~12)

우리는 세상을 살아가면서 왜 하나님은 악인이 형통하는 것을 허용하시느냐? 하나님 계신 것 맞냐, 말씀 따라 살아가는 사람에게 어째서 힘든 일이 계속되고 안 좋은 일만 계속해서 일어나느냐? 등등의 의문과 볼멘소리를 쉴 새 없이 쏟아내고 있다. 내가 어떻게 살 것인가보다 저 사람은 왜 저런 대접을 받느냐가 더 관심의 초점이 되는 비뚤어진 삶의 모습을 극명하게 보여주는 좋은 예가 아닐지 모르겠다. 아니, 우리가 아니라 정확히 말해서 내 자신의 모습이라고 해야 옳은 표현이겠지. 제 눈의 들보는 못 보고 남의 눈의 티만 잘 보이는 소아병적인 모습이다. 이런 가엾은 아낙을 위해 오늘도 주님께서는 분명히 알려주고 계시는 것이다. 내가 지금 요절내지 않고 용납하느냐고 조바심내는 그런 것들에 대한 처결을 심판 날에 하시기 위해 못되게 날뛰는 것을 그냥 내버려 두시며 지그시 참고 그에 대한 훗날의 보장에 대해 말씀하심으로 우리의 믿음을 굳게 하려 하고 있다.

내가 어떻게 해야 하나님 뜻에 맞을 것인가 하는 데 신경을 써도 모자랄 텐데 그 귀한 일보다는 저 고약한 놈이 왜 잘 되느냐에 관심이 쏠려 있는 사이 사탄은 우리를 들까불고 싶어 한다는 것쯤 우리는 다 알고 있으면서도 그 고리의 악순환을 끊어내지 못하고 질질 끌려 다니고 있는 것이다.

힘든 세상을 살면서 그래도 악에 크게 빠지지 않고 살아가고 있는 것은 주님께서 오실 날을 믿고 기다리기 때문이다. 그 안에 죽은들 천국에 갈 것이니 무슨 걱정이 있으랴는 배짱 하나로 버티고 있다는 말이 더 적절한 표현이 될 수도 있다. 누구에게나 아무 이유 없이 괴롭히는 사람이 한둘쯤 있기 마련이고 무슨 일을 하려면 꼭 앞을 막아서는 사람도 있고 그런 일이 생기곤 하는 것이 우리네 인생사가 아닌가 한다.

생각지도 않는 일이 터져서 다 된 일을 망치기도 하고 좀 큰 꿈을 꾸면서 무슨 일을 꾀할 때 순풍에 돛단 듯이 잘 진행되는가 싶을 때 의외의 사람이 앞을 막고 나서서 가로채 가기도 한다. 더러는 어떤 일을 열심히 봉사해서 이루어내고 나면 얌체처럼 불쑥 나타나서 그 공을 가로채거나 폄하하고 모함해서 누명까지 씌워 퇴출시키고 제 야욕을 이루려는 사악한 인간을 만나 억장이 무너지기도 한다. 아니 그 정도가 아니라 그를 저주하고 원망하느라 병이 깊어져 목숨을 잃는 지경에까지 이르는 경우도 있다. 그런 불행은 그놈 탓이라 생각하기 쉬운데 그놈이 범인이 아니라 바로 나 자신이 주님 오심과 나타나실 그때의 역사하심에 대한 약속을 잘 믿지 못하고 방황하다가 생긴 결과임을 우리는 간과하고 사는 것이다.

올해의 기수회 공동제 대상인 데살로니가후서를 읽으면서 귀한 깨달음을 얻을 수 있게 하신 하나님께 감사드린다. 마음속에 응어리로 남아 있는 미움들의 대상이 하나님이 나타나실 그 날에 심판의 대상이 되리라고 회심의 미소를 짓다가 흠칫 놀라서 고개를 숙인다. 한참 생각한 후에야 그 구절을 다시 읽으며 회개한다.

'그러나 원수같이 생각하지 말고 형제같이 권면하라'(살후 3:15)

그들로부터 떠나라고 하셨는데 그들에게 매몰되어 살아왔으니 주님 가르침을 제대로 따르지 못한 것이다. 온전히 따르는 삶은 그들을 형제같이 권면하는 것인데 심판 받을 것이라고 경멸하며 고소하다고 생각했을 것이기에 부끄러워진다. 그런데 회개를 하는 순간에도 그는 심판 받을 것이고 나는 구원받았다는 확신이 자꾸 고개를 드는 것은 어떻게 평가 받아야 할까? 잘 모르지만 그것 역시 주님 뜻을 잘 따르고 있는 모습은 분명 아니다.

하나님, 이 바보 같은 생각을 버리고 오직 주님 가르침 따라 앞만 보고 가면서 옆을 보며 실족하지 않게 하셔서 오직 우리 주 예수 그리스도의 영광을 얻게 허락해 주시옵소서.

2014. 8. 12.

만민에게 복음을 전파하라

새해가 되어 복 많이 받으라는 인사가 아예 입에 붙어 다닌다. 세상에 복을 싫어하는 사람도 있을까? 그러면 복은 과연 무엇인가를 정확하게 아는 사람은 있을까? 우리는 다 잘 안다고 생각하고 있으며 복은 그야말로 많이 누리고 풍요로운 삶이라고 생각하고 있는 것은 아닌지 모르겠다. 과연 복은 그런 것일까? 사람들은 그렇게 생각하기 쉽지만 세상사는 꼭 그렇지만은 않다는 것을 우리는 수없이 보면서 살아가고 있다.

풍요가 타락을 불러오고 지나친 호의호식이 건강을 해치고 하는 등등의 일들은 예를 들기도 힘들 만큼 많고도 많다.

우리 조상들은 호사다마라는 말로 좋은 일이 있을 때 몸을 낮추고 조심할 것을 경계하기도 했다. 바로 복은 항상 화를 동반할 수도 있다는 점을 감안한 생각에서 나온 지혜였던 것이다. 이렇게 사람들이 생각하고 바라는 복의 정체는 좋기만 한 것은 아니었던 것 같다. 그러면 하나님의 관점에서의 복은 어떤 것일까?

복 있는 사람은 악인들의 꾀를 따르지 아니하며 죄인들의 길에 서지 아니하며 오만한 자의 자리에 앉지 아니하고 오직 여호와의 율법을 즐거워하여 그의 율법을 주야로 묵상하는 자로다. 그는 시냇가에 심은 나무가 철을 따라 열매를 맺으며 그 잎사귀가 마르지 아니함 같으니 그가 하는 모든 일이 다 형통하리로다(시1:1~3)

성경은 이렇게 말하고 있다. 하나님의 복에 대한 정의인 것이다.

우리는 을미 새해에 이렇게 복 있는 사람이 되어 그렇게 사는 복을 누리게 되기를 바란다.

특히 우리는 글을 쓰는 사람들이다. 그렇다면 어떻게 여호와의 율법을 따르는 사람들이 될 수 있을까?

예수님께서 승천하시기 전에 제자들에게 명령하신 만민에게 복음을 전파하라는 말씀(또 이르시되 너희는 온 천하에 다니며 만민에게 복음을 전파하라 막16:15)을 따라 행하는 것이 또 하나의 복 있는 사람이 되는 길이라는 생각을 해 본다. 문서 선교의 사명을 참되게 하고 많이 해서 수많은 영혼을 구할 수 있는 복을 누리는 기독교수필문학회 회원이 되시기를 바라며 그렇게 되기 위해 하나님께 끊임없이 기도하는 한 해가 되었으면 좋겠다.

2015. 1. 19.

이제라도 하게 하옵소서

무슨 일을 할 때 누구나 나름대로 최선을 다한다. 중요한 일이거나 특별한 일일 때는 더욱 그렇다. 중요한 것은 일상적인 일을 할 때도 최선을 다하고 사느냐 그저 대충 해치우면서 사느냐가 문제이다. 크고 중요한 일에 심혈을 기울이는 것은 누구나 다 하는 일이지만 사소하고 반복되는 일에 항상 최선을 다하는 일이란 쉽지가 않다. 그렇게 되려면 대단한 결심을 하거나 오랜 기간의 훈련에 의해 습관처럼 몸에 배기 전에는 힘든 일이다. 크고 중요한 일도 반복적으로 하다 보면 타성이 생겨서 거의 습관적으로 처리할 뿐 마음을 다하는 최선은 하기 어려운 것이 우리네 보통 사람들의 경우이다.

바울 사도는 디모데후서(딤후4:7~8)에서 자신은 최선을 다했고 자신에게는 상이 기다릴 것이고 너희들에게도 그러하리라고 갈파하고 있다.

> 나는 선한 싸움을 싸우고 나의 달려갈 길을 마치고 믿음을 지켰으니 이제 후로는 나를 위하여 의의 면류관이 예비되었으므로 주 곧 의로우신 재판장이 그날에 내게 주실 것이며 내게만 아니라 주

의 나타나심을 사모하는 모든 자에게도니라(딤후 4:7~8)

자신에게 유익이 돌아오는 일도 아니고 오히려 고난이 따라오는 복음 전하는 일에 최선을 다했으며 목적지에 왔다고, 그리고 하늘 상급이 기다리고 있다고 확언하는 사람 바울, 그는 도대체 어떤 분일까? 다시 한번 존경스럽고 부럽기 그지없는 분이 아닐 수 없다.

예수님을 믿노라 하면서도 주일성수 하기도 힘에 부치는 정도의 신앙생활을 하는 처지이고 보니 부러워하기에도 염치가 없는 것이 솔직한 심정이다. 가족이 아직 구원의 반열에 들지 못하고 어정쩡한 상태에 있어도 더 덧날까 두려워 눈치만 보고 있는 나로서는 쥐구멍을 찾는 기분이다. 정말 그 가족의 입장을 생각해서 잠잠히 기도만 하고 있을까? 오히려 덧날까 봐 그것이 염려돼서일까? 혹여 자신의 자존심이 상처를 입을까 두렵고 싫은 소리 듣기 싫어 미루고 있는 것은 아닌지 가슴에 손을 얹고 생각해 볼 일이다.

가족이건 남이건 전도 대상자를 사랑하면 전도하지 않고는 못 배긴다는 목사님 말씀이 가슴을 찌른다. 그렇지 사랑하는 그가 지옥 불에 떨어질 것을 상상만 해도 잠을 못 이룰 일인데 어찌 잠자코 있을 수 있단 말이던가? 결론은 둘 중에 하나다. 그를 사랑하지 않든지, 내 신앙이 확신이 없든지. 사랑하면 싫어하든 말든 전하고 또 전할 것이고, 내 신앙에 확신이 있다면 더더욱 전하지 않고는 배길 수가 없을 것인데 설마 지옥 불에야… 하는 미심쩍은 구석이 있기에 미온적인 전도 태도를 갖게 되는 것이 분명하다.

사도 바울은 물론 전도와 영혼 구원의 사역에 대한 최선 다함과 영광과 상급을 말씀하셨지만 우리 그리스도인들은 세상을 향해 무슨 일을 하든지 최선을 다하는 모습을 보여 주는 일 자체가 살아있는 복음의 전달수단이 되는 경우가 많음을 간과하지 말아야 한다.

바울 사도의 이 말씀은 복음뿐 아니라 우리가 맡은 모든 사명에도 확대 해석해야 하는 것이 우리의 할 일이라고 생각해 본다. 세상의 일 자체가 곧 주님이 맡기신 귀한 사역이 아니겠는가? 자신의 선 자리에서 주어진 일들을 모두 값지게 생각하고 주님의 명령을 수행하는 일이라고 생각한다면 어찌 소홀히 할 수 있겠는가 말이다.

지난날 여성 단체에서 회장으로 모시고 일했던 고 손인실 장로님의 고별예배에 갔을 때 본문 말씀이 바로 이 디모데후서 4장 7절과 8절이었다. 그날 정말 그분은 그 말씀에 합당한 삶을 사셨다는 생각에 흡족하고 부러운 마음으로 예배를 드렸던 기억이 새롭다. 그날 이후로 어떻게 하면 나도 저렇게 살다 갈 수 있을까 하는 생각이 머리를 떠나지 않았다. 어려운 일을 당할 때, 단체 일을 하다가 힘들 때 항상 떠올리며 힘을 얻는 경구이지만 실천하기는 어렵고 멀기만 하다.

나도 하늘길을 떴을 때 이 말씀으로 고별예배를 드려주는 복을 누릴 수만 있다면 여한이 없겠다. 해 놓은 것도 없으면서 욕심은 하늘 끝을 모르니 염치없기로는 2등이 서러운 사람이다.

하나님 이 못난 딸도 이제는 정신 좀 차리고 정말 선한 싸움을 열심히 할 수 있도록 도와주시옵소서. 제발 달려갈 길을 열심히 달려가게 하옵소서. 아멘.

2016. 9. 17.

순종

순종이 제사보다 낫다고 성경은 가르치고 있지만 실천은 참 쉽지 않은 일인 것 같다. 신약 성경 중 짧은 책에 속하는 디도서는 3장밖에 안 되는 분량 중에 순종을 말하고 있는 구절이 상당히 많다. 장로의 조건 중에는 자신의 순종을 넘어 불순종하는 일이 없는 자녀를 둔 자여야 한다고 말씀하고 있다. 장로 자신에게는 고집대로 하지 않는다는 말로 순종을 요구하고 있다.

왜 이렇게 순종을 요구하는 것일까? 순종은 믿음의 척도여서 그런 것 같다. 하나님을 믿는다면 어떤 어려움이 앞에 닥쳐도 그대로 순종할 수 있지만 믿음이 약하면 확신이 없어 의심하게 되므로 어려운 일은 행할 수가 없이 된다. 잘못될까 의심이 되거나 크게 손해를 볼 것이 너무 분명해 보여 순종하지 못하는 것이다. 더 훌륭한 믿음의 정도는 주어진 것이면 모두 주의 뜻으로 알고 무조건 순종하는 것이지 선택사항이 아닌 것이다. 바로 이삭을 바치는 아브라함의 순종의 경우가 그것 아니겠는가? 아브라함에게 주신 하나님의 무한에 가까운 축복을 보면서도 순종이 잘 안 된다. 자신의 잣대로 일단 재어보고 판단 후에 행하는 것이 당연하다고 생각하며 신중하다는 호평까지 받기도 한다.

요즘은 늙는 것이 괜찮은 면도 있다는 생각을 할 때가 많다. 웬만한 일을 별로 고민하지 않고 흘러가는 대로 맡기는 일이 쉬워졌다. 둘 중에 선택이 어려울 때는 일의 진행에 대책 없이 손 놓고 가만히 있는 것이다. '결정되는 대로 거기 따라가리라 그것이 하나님의 뜻이라고 믿자.' 젊을 때는 어림없는 일이다. 안달을 해가며 머리를 쥐어짜서 어떤 것이 더 나으려나 계산하느라 머리가 깨질 지경이었을 것인데 편안히 기다릴 수 있게 되었다. 믿음에서 출발한 순종 차원이 아니라 순전히 늙음에서 오는 현상이었는데 그런 경험을 하다 보니 이제 이루어지는 쪽이 하나님 뜻이라고 보면 되니 기다리자는 생각을 쉽게 하게 되었다. 이런 현상이 믿음에서 오는 순종으로 몸에 배기를 바랄 뿐이다. 남의 떡이 더 커 보여 항상 목말라 했는데 그 병도 나아지고 있으니 순종은 정말 최고의 약인 것 같다.

2017. 8. 12.

지금도 넘치는데

하나님은 우리를 위해 모든 것을 다 준비해 두셨건만 정작 그것을 써야 할 당사자는 무엇을 쓸 수 있는지 잘 모르는 상태에서 헤매고 있다. 남의 밭의 콩이 더 커 보인다는 속담이 있다. 속담이야 워낙 촌철살인이 그 특징인 줄은 알지만 이렇게도 간단하게 사람의 마음을 콕 집어 설명할 수 있을까? 감탄이 저절로 나오지 않을 수 없다. 내 것이 있는데도 남의 것을 보면 눈이 번쩍 뜨이며 어머 저것 참 좋다, 싶은 게 우리 마음이 아닐는지. 내가 가진 것을 가지고 충분하고 넉넉하게 쓸 수 있는데도 어쩌면 항상 내게 없는 것만을 향해서 목마름을 더하면서 살아가는 게 우리 인생길인지도 모른다.

더위를 몹시 타서 여름이면 죽을 맛이다. 살집이 좋으니 더 덥다. 날씬한 사람이 부러운 것이야 고운 몸매 때문이지만 더운 날이면 미련스러워 보일 지경인 몸이 주체스럽다. 그러면 좀 조심을 하든지 덜 먹든지 운동을 치열하게 하든지 할 일은 하나도 안 하면서 날씬하기만 바라다니 얼마나 경우 빠진 일인가? "체질이야, 물만 먹어도 쪄" 하다가 발에 뿌리가 있냐는 내과 의사의 일갈에 목이 움츠러들었던 것도 젊은 날 얘기다.

여름에 죽겠으면 겨울에 좋은데 그것에 대해 감사해 본 적은 한 번도 없고 뚱뚱해서 죽겠다, 언제까지 살과의 전쟁을 계속해야 돼, 라고 한탄만 하고 지내던 어느 날 퍼뜩 정신이 들며 너 그러면 먹을 것 없이 살게 해 주면 좋겠냐는 음성이 들리는 듯했다. 아니요, 아닙니다. 잘못했습니다. 고맙습니다. 먹을 것이 넘쳐서 어떻게 하면 안 먹을 수 있을까를 걱정하게 하시니 고맙습니다. 그동안 가진 것에 대한 감사를 못 드려 정말 죄송합니다.

미친 사람처럼 중얼거리고 있는 자신을 발견하고 실소를 금할 길 없었던 게 최근의 일이다. 진정으로 회개하고 감사기도를 드리고 나니 이상하게도 다른 일들에 대해서도 감사가 밀고 올라오는데 그야말로 물밀 듯이, 끊임없이 이어지는 것이 아닌가? 좋은 부모 밑에 태어나서 공부 잘하고 좋은 학교 다니게 해 주셔서 감사합니다. 직업도 갖고 전문직 여성으로 살게 해 주셔서 고맙습니다. 좋은 집안에 시집가서 아들딸 고루 낳고 70이 되도록 해로하게 하셨으니 그것도 감사드릴 일입니다. 요즘 워낙 장수시대라 좀 일찍 남편을 불러 가신 듯합니다만 청상에 비하면 그것도 축복이지요. 자식 둘 중에 하나밖에 성가를 못 시켰으니 반타작이라 할지 모르지만 자식을 한 명도 혼인시키지 못해서 전전긍긍하고 지내는 부모들에 비하면 절반의 성공이 얼마나 대단한 일입니까?

글이 잘 안 풀려서 벌레 씹은 얼굴일 때가 더 많기는 하지만 자신의 생각을 글로 표현해 내는 일을 전문으로 하는 것이 행운이 아니고 무엇이랴. 세상만사 생각하기 나름이지만 보는 각도에 따라서 행불행이 결정난다. 이제 눈을 크게 뜨고 내가 쓸 수 있는 것들을 멀리서 말고 가까이에서, 집 안에 있는 창고에서 꺼내 써야겠다. 지금 가진 것만으로도 넘쳐나는데 근심하면서 먼 데 것에 눈독을 들이고 아등바등하지 말자. 그러기에는 세월이 너무 아까우니까.

2018. 7. 5.

바울의 사랑법

빌레몬서, 신약 27권 중 가장 짧은 분량의 글을 담고 있는 책이다. 이 짧은 글을 왜 하나님은 독립된 한 권의 책으로 성경에 포함시키셨을까? 성경 지식이 일천한 처지로 그 해석을 하기는 매우 어려운 일이기에 그 언저리의 뜻이라도 짐작해 보려고 읽고 또 읽었다.

다른 바울 서신처럼 안부를 묻고 글을 시작하는 것은 똑같다. 다른 서신들에서는 그곳의 교회에 대한 당부와 간구 등이 주를 이루고 깊은 교리를 탐구해야 할 부분들이 많은데 이 서신은 간결하면서도 그 내용이 아주 간명하다.

빌레몬을 먼저 형제로 온전히 믿는다는 강한 믿음을 바탕으로 해서 형제에 대한 사랑의 표시를 독특하게 하고 있는 것을 볼 수 있다. 내가 빌레몬 너를 형제로 인정하고 사랑하므로 네게 이런 부탁을 한다는 전제하에 그의 종 오네시모를 다시 돌려보내며 부탁하고 간구한다. 내가 할 수도 있지만 네가 직접 하는 것을 사람들에게 보이게 하고자 보낸다는 표현에서 바울의 사랑법을 엿볼 수 있다. 내가 공을 갖지 않고 네게 그 공을 돌려주고 싶다는 생각은 그야말로 차원 높은 경지의 신뢰가 없으면 하기 어려운 일인 것이다. 그 앞뒤에 이 어려운 일을 빌레몬 당신은 꼭 들어주리라는 강한 확신에 찬 당부가 은혜 받게 한다.

하나님의 역사하심을 굳게 믿는 자만이 가질 수 있는 자신감이 전 편에 도도히 흐르고 있다. 그 권유와 간구와 믿음은 모두 사랑에 근원을 두고 있다. 하나님의 인간에 대한 사랑, 믿는 자에 대한 사랑과 축복을 당연히 믿기에 종 오네시모를 돌려보내면서 그를 탓하지 말고 바로 나를 대하듯이 대할 것을 간곡히 권한다. 오직 그가 결정하게 하려는 이유까지 밝히면서 내가 명령으로 할 수 있지만 네가 자진해서 하도록 하기 위함이라고 지금 자신이 하는 일의 목적과 목표를 밝히고 있다.

직원이나 수하 사람이 잠시 동안 말없이 하루쯤 연락 두절로 속을 태우다가 나타나도 용납하기는커녕 화를 낼 일인데 종의 신분으로 사라졌다가 다시 돌아온 사람이 거절하기 힘든 사람의 편지를 전했을 때 쉽게 그 부탁에 순종할 수 있을까? 얼른 대답이 나오지 않는다. 아직 믿음이 거기까지 따라갈 수 없는 처지라 선뜻 대답할 자신이 없다.

바울 사도의 이 부탁과 권면은 우리 모두에게 향한 권면이다. 입으로만 믿노라 자만하지 말고 실천하라는 완곡한 명령을 받아 읽는 것으로 빌레몬서의 참뜻에 조금이라도 가까이 가 보려 한다. 아직은 그 수준이다.

2018. 7. 25.

구약의 그림자

'손님 대접하기를 잊지 말라 이로써 부지중에 천사들을 대접한 이들이 있느니라'(히 13:2)

구약 창세기의 아브람이 하나님의 축복으로 아브라함이 된 후 여호와를 만나 누구인지 모르고 그저 자기 집에 들른 손님을 대접하듯 했는데 복을 받고 아들을 약속 받는 귀한 장면을 말하고 있는 대목이다.

13절에만 해도 이런 구약의 비유가 계속되지만 히브리서 전체가 이렇듯 구약을 요약해서 복음을 전하는 형식의 글이 아닌가 생각한다. 신학적 기초가 없는 입장에서 이러쿵저러쿵하는 것이 은혜가 안 될지 모르겠으나 이런 연고로 히브리서는 읽으면 읽을수록 깊고 어려운 내용이다. 멜기세덱의 반차도 히브리서에서 그리고 있다.

예수님이 직접 말씀하신 복음이 4복음서라면 히브리서는 누군가가 구약을 요약하면서 예수님의 복음을 연결지어가며 강해하고 있는 것이라는 생각이 든다. 그 저자가 누구냐도 관심사지만 누구인들 무슨 상관이랴. 해박한 성경 지식과 기타 학문이 매우 깊은 사람이 아니고는 써 내려가기 힘든 내용이었다는 게 학자들의 중론이었고 읽어가면서 그 해석에 절로 고개가 끄덕여진다.

성경을 여러 번 읽긴 했지만 통독이라는 마술(?)에 걸려 그저 읽어가는 것이 목적으로 읽은 경우가 대부분이고, 어쩌다 은혜 받아서 읽고 또 읽은 구절이 더러 있기는 하나 천천히 조목조목 깊이 묵상하며 읽지 않은지라 언제 읽어도 처음 듣는 말처럼 생소한 경우가 더 많다. 예수님이 직접 말씀하신 4복음서는 좀 나은데 신약의 다른 책들도 대부분 읽을 때마다 새로운 말로 들리고 은혜 받고 감격했다가도 다음에 읽으면 어어 이런 말이 있었네에, 하면서 가슴에 새기곤 하지만 또 돌아서면 잊어버리는 경우가 더 많은 것이 솔직한 고백이다. 구약의 경우는 그 정도가 더 심하고 역사서 쪽을 읽을 때는 그저 습관적으로 읽어내려 갈 뿐인 경우가 훨씬 많다. 그런데 히브리서가 구약을 딱 집어서 예로 들면서 혹은 비유적으로, 아니면 은유적으로 구약을 가지고 신약의 말씀을 앞에 내놓고 설명하니 가슴에 쉽게 다가온다.

바울 서신이 주로 믿음과 구원에 대한 신학적 깊이를 쉽게 설명하려 애쓰고 설득을 위해 쓴 편지글 형식의 글이라면 히브리서는 하나하나를 이렇게 약속하셨으니 이러이러하게 지키면 복을 받고 구원받는다는 요지를 설명하는 데 목적을 둔 글이라고 생각된다.

이 오묘한 히브리서를 이번 『기독교수필』의 주제 대상으로 정하고 난 후부터 고민을 거듭했으나 접근도 할 수 없었다. 기도만 하던 중 중국어 예배부에서 성경 봉독 차례를 맡은 것이 히브리서

13장이었다. 1절부터 8절까지의 말씀을 중국어 병음으로 읽고 또 읽으면서 한자어를 따라가다가 깊은 뜻이 깨달아지기도 하고 우리 말도 읽기를 계속하다 보니 여러 번 반복하는 동안에 저절로 큰 은혜를 받게 되었다. 중국어 발음의 기초가 있어서 글을 보고 읽는 것이 아니라 병음을 보고 앵무새처럼 읽어 나가는 연습이다 보니 혓바닥이 제대로 돌아갈 리가 없지 않은가? 그러니 어떻게라도 좀 덜 어색하게 읽으려고 수십 번을 소리 내어 읽는 동안 한자어를 눈이 따라가게 되었다.

돈을 사랑하지 말고 간음하지 말고 등의 예수님 가르침을 설파해 나가다가 예수님이 우리와 함께하겠다 약속하셨으니 아무 걱정하지 말라는 말로 강한 설득을 계속한다. 구약의 그림자 안에서 더 명확히 이해되며 은혜를 받는 재미가 쏠쏠하다.

2019. 9.

그 천사가 내게 왔다면

순종이 제사보다 낫다는 말의 의미를 깨닫는 데는 그렇게 많은 시간이 필요하지 않았지만, 그것을 체득해서 순종하기란 그리 녹록한 일이 아니다. 솔직히 고백하면 지금도 순종을 거의 못하고 사는 것이 내 모습이다. 당하면 어쩔 수 없이 그때 다급해서 기도하고 아이고, 알았습니다. 하지만 금세 오뚜기처럼 순종은 잊고 산다. 마리아에게 찾아갔던 그 천사가 내게 왔다면, 그리고 그 엄청난 말을 전했다면 과연 나는 어떻게 했을까?

그런 행운이 올 리도 없겠지만 아마도 미쳤냐고 소리치지 않았을까 싶다. 아니 무슨 말도 안 되는 소리를 하는 거냐고, 누구 집안 망신시킬 일 있냐고, 등등 이루 다 열거하기도 어려울 정도로 여러 말을 하면서 거절함은 물론이고 그 가당치 않은 일에 대해서 왈가왈부했을 것이다.

마리아는 순종의 여인이었기에 구주의 모친이 될 수 있었다. 성탄절이 며칠 앞인데 지금이라도 앞에 어떤 일이 닥치더라도 무조건 순종하겠다는 맹세를 자신에게 해 보는 일부터 실천할 수 있다면 좋으련만 그 약속을 지킬 수 있을지 자신이 없어 망설여지는 것이 솔직한 심정이다.

그럴 수 있는 사람이 될 수 있게 해 주시라는 기도 먼저 드려야겠다.

2019. 12.

행함이 따라야

행함이 없는 믿음은 죽은 믿음이라는 야고보 사도의 갈파를 처음 들었을 때 '주 예수를 믿으라 너와 네 집이 구원을 얻으리라.' 하시는 말씀과 정면으로 충돌하면서 혼돈스러웠다. 마침 성경 공부반에서 수업을 들을 때라 용기를 내어 목사님께 이 둘 중 어떤 말씀을 믿어야 하는지 헷갈린다고 여쭈었다. 감히 당회장 목사님의 직접 강의시간에 이런 돌출 행동을 하다니 기가 막혔다고 반원들이 수군거렸다.

무식하면 용감하다고 한 말은 맞는 것 같았다. 성경을 전혀 모를 때니까 새로운 말씀에 접할 때마다 생소하고 고개가 갸웃거려 지는 것이 한두 가지가 아니었다. 불교의 인과응보를 굳게 믿다가 개종한 직후라 더욱 혼란스러웠다. 극적으로 부름을 받고 그래 믿자, 얼마나 좋으냐, 제가 지은 것을 다 제가 닦아 없애야 성불이라는 것을 한다는데 어떻게 그 많은 것을 내 힘으로 없앨 수 있겠느냐? 믿기만 하면 구원을 해 주신다니 이렇게 쉬운 것이 어디 또 있을까 보냐, 열심히 믿어보자. 이렇게 싱글거리며 교회를 드나들 때

이야기다.

그런데 이 무슨 난감한 말씀이냐 말이다. 행함이 없는 믿음은 아무 소용이 없다니 어떻게 그 여러 가르침을 다 따라서 할 수 있단 말인가? 목사님은 간단히 답해 주셨다. 성경은 통전적으로 이해하는 것이지 그렇게 한 말씀을 붙잡고 그것만으로 해석하려 하면 안 되며 그런 태도는 까딱하면 이단에 빠지기 쉽다는 것이었다. 아아, 이단은 정통이 아니니 나쁜 것일 텐데 그런데 빠지기 쉬운 함정이라니 도리질을 치며 일단 그대로 믿고 노력해 보기로 했다.

행함이 따라가지 않는다면 결국은 믿음이 없는 것이니 죽은 믿음이 맞다는 자연스런 생각을 갖게 된 것이 언제인지는 정확하지 않지만 가르침대로 살려고 노력하되 인간의 힘만으로 그렇게 될 수 없다는 것도 터득하게 되면서 그렇게 될 수 있게 도와주시라는 기도를 할 수 있게 되었다.

올해 『기독교수필』 30집 공동 주제가 야고보서이다. 야고보 사도의 가르침은 오직 행함이 있는 믿음이어야 산 믿음이라는 것이고 그 예를 들어가며 풀어나가는 말씀이 마치 어린아이의 등을 토닥이시며 차근차근 말씀하시는 것 같이 이어진다. 사랑해야 한다는 것을 알았으면 실천해야지 그 믿음이 살아 움직인다는 것이다. 하나도 이치에 어긋나는 것은 없는 데 따라가기는 매우 어려운 일인 것 같다. 하지만 그 말씀을 아멘으로 받아들이고 최선을 다해 노력하는 것까지가 우리의 몫이라는 생각이 들면서 되도록 하나씩 실천해 보기를 다짐해 본다.

자신이 없으니 야고보서를 열 번도 더 읽었다. 애꿎게 읽고 또 읽지만 내가 그중의 어떤 부분에서 과연 살아 있는 믿음을 조금이라도 지녔다고 선뜻 대답하고 나설 자신이 없어 오늘도 또 읽기만 할 뿐 글이 잘 되어 주지 않는다.

'주 앞에서 낮추라 그리하면 주께서 너희를 높이시리라'(약 4:10)

아, 이 말씀부터 붙들고 행하는 노력을 해 보자. 소원을 여쭙되 그 이루시는 결과는 아버지 뜻에 맡기고 순종하게 해 주시라는 온전한 의탁을 드리는 기도가 나오기 시작한 복을 받았으니 그 기도가 끊이지 않도록 하나님을 굳게 붙들고 따라가자.

2020. 8. 29.

네가 내 자리에 앉아

사람이 한평생을 살다 가기는 누구에게나 마찬가지 일인데 사후에 크게 부러움을 사는 사람과 그렇지 못하는 삶으로 나누인다. 대부분이 그 중간지점에서 머물지만 누구나 부러움을 사는 대상이 되기 원한다. 그 부러움의 이유, 대상도 믿는 사람들과 믿지 않는 사람들이 확연히 다르다. 믿지 않는 보통 세상 사람들은 자식들이 얼마나 성공했느냐, 재력이 좋으냐가 척도가 되기 쉽지만 믿는 사람들은 자식들이 모두 구원을 받았느냐, 아니냐로 크게 명암이 갈리는 것이다.

며칠 전 아끼는 후배가 모친상을 당했다. 그 어머님은 평생을 주님만 붙들고 90 평생을 살아온 어른이다. 물론 모태 기독교인인 후배도 어려서부터 주일학교에서 자랐다. 하지만 그는 세상에서 크게 출세하면서 바쁜 일상에 쫓겨 주일성수는 물론이고 신앙생활을 충실히 하지 못했다. 뿐만 아니라 일하는 사람들이 주일에 교회 일 때문에 많은 일을 해나가는데 지장을 준다고 불평하던 정도의 신앙심을 가진 상태였다.

건강하게 노익장을 과시하며 교회 섬기기를 열심히 하며 사시던 어머니가 두어 달 전부터 갑자기 노쇠 현상이 급격히 진행되면서 자꾸 자기가 이번에는 하나님께 갈 것 같다며 딸에게 신앙생활을 잘할 것을 간곡히 당부하고 또 하기를 반복했다. 처음에는 알았다, 잘하겠다고 반 건성으로 대답하던 딸이 어머니의 심상찮은 상태와 거듭되는 간곡한 유언에 마음이 움직여 어느 날 진심으로 어머니와 약속을 했다. 성실히 교회 섬기기를 애쓸 테니 제발 이 미음 좀 잡수시고 회복돼서 같이 교회에 나가자고 어머니를 달래드렸다. 네가 꼭 내 자리에 앉아서 예배를 드려야 된다는 성화에 지난 연초에 이미 등록교회를 옮겨 놓을 정도였다. 젊었을 때는 자신의 학문에만 전념하던 철학박사인 외아들도 수년 전부터 예수님께 푹 빠져 살고 있으니 소원을 모두 이룬 노인이 된 셈이다. 막내딸은 이미 교회생활을 잘하고 있던 터였으니 큰딸이 어머니의 뜻을 받들겠다 함으로써 아무 근심이 없이 하늘길을 갈 수 있게 된 것이다.

여성계의 큰 일꾼인 큰딸의 맹활약을 자랑스럽게 지켜보며 뒤 기도를 아끼지 않았던 어머니가 금년 연초부터는 내가 아무래도 올해는 갈 것 같다며 너도 이제 세상일을 좀 줄이고 교회 일을 많이 하라고 권면하기 시작했다는 것이다. 국회의원도 3번씩이나 하고 행정부의 차관도 지내고 세계 여성계의 큰 역할도 맡아 하루 24시간을 25시로 나눠 쓰는 큰딸이 결심하고 어머니와 약속한 이후 정말 그렇게 하겠다고 다짐하던 중에 어머니가 하나님의 부르심을 받았다. 위로예배, 입관예배 등에서 어머니와의 약속을 소개하며 그 약속을 지키며 살도록 노력하겠다고 공언하고 기도를 부탁했다. 고별예배에 이어 하관예배에서도 딸의 그 다짐은 이어졌다.

4일 동안 그 과정을 지켜보면서 하나님의 역사는 실로 크고 오묘하시며 그 깊은 경륜과 때는 우리가 알 수 없음을 다시 한번 확인할 수 있었다. 성령의 역사가 아니면 어림없는 일이어서이다. 어머니의 뒤 기도 덕에 지금의 자기가 있음을 깊이 생각하고 어머니의 뒤 기도를 더 잘 받을 수 있도록 교회생활에 열심을 내라고 하면, 언니는 무슨 교회 타령을 하느냐, 어울리지 않는다, 해 가며 가볍게 웃음으로 넘기던 모습을 떠올리며 '하나님 감사합니다.'라는 기도가 외마디처럼 튀어나왔다. 언니도 권사지? 하며 묻는 얼굴에 기대 반 부러움 반이 함께 묻어 있었다. 그렇다는 대답에 그래, 잘했어, 하는 대답은 찬탄과 다행이라는 흐뭇함이 섞인 따뜻한 우정을 담고 있었다.

매사에 열심이고 총명한 그는 이제 얼마 안 지나 우뚝한 예수님의 알찬 제자가 되리라고 확신한다. 아마 모르긴 해도 성경 읽기도 공부하듯 빠르게 깊이 파고들어 자신의 휴면기를 만회하고 말 것이다. 주일학교에서 다져진 그의 종교적 바탕은 그에게 날개를 달아줄 것이며 어머니에 대한 효심이 신앙으로 옮겨지면서 속도를 더할 것이고 어릴 적부터의 신앙생활의 연륜이 그의 신앙을 곰삭게 만들어주어 덕이 되는 신앙인으로 빛을 발할 것이다. 그 어머니는 자신이 준비해 둔 안동포 수의에 싸여 역시 손수 마련해 둔 유택에 몸을 누였다. 45년 전 교회 개척 당시부터 목사님과 함께 세우다시피 한 교회를 섬기며 성도는 교회가 멀면 안 된다는 소신 때문에 큰 따님 곁으로 이사도 못하고 줄곧 한 교회만을 섬기다가 그 목사님이 원로목사가 되고 새 담임목사를 순조롭게 잘 모시는 은혜로운 교회에서 하늘길을 떠나셨다. 현 담임목사님과 원로목사님의 배웅을 함께 받으며 길을 뜨셨으니 큰 복을 더한 셈이다.

'사랑하는 후배여 눈물을 거두고 어머니의 유지만 보세요. 어머니는 교회를 몸같이 섬기셨고 교인들을 친형제처럼 보듬어 안고 그들과 아픔은 물론 슬픔도 함께하셨음을 잊지 마세요. 어머님 하늘길에 그분들이 흘린 뜨거운 눈물의 진정한 의미를 음미하세요'. 진정 부러운 권사님 한 분의 최후를 보면서 나도 저런 최후를 맞을 수 있어야 할텐데 하는 욕심을 내면서 부끄럽다. 그분의 온전한 충성에는 관심이 없고 받을 복만 세고 있으니 말이다. 세상 사람들의 기준으로 크게 부러움을 사는 일도 이루어지면 금상첨화겠으나 믿는 사람들의 기준으로 부러움을 사는 대상은 꼭 되고 싶다.

2013. 8. 10.

오경자

· 전주여고, 고려대 법과대학 졸업
· 이화여대 교육대학원 졸업
· 경제통신사 기자(전)
· 한국여성단체협의회 사무처장(전)
· 장안전문대 겸임교수(전)
· 한국사회교육연구원 원장
· 사법제도개혁 심의위원(전)
· 금융 · 보험 분쟁조정위원,
· 소비자단체협의회 이사 역임(전)
· 고려대학교, 인천전문대 강사
· 월간『수필문학』천료 등단
· 국제PEN한국본부 이사장 권한대행(2024)
· 한국문인협회 회원(전, 감사 이사)
· 한국수필문학가협회 회장(현)
· 한국기독교수필문학회 회장(전). 고문
· 수필문학추천작가회 회장(전) 고문
· 한국크리스천문학가협회 회장(전), 평의원,
· 은평문인협회 회장(전) 고문

· 시문회 회장(전), 고문
· 한국여성문학인회 이사
· 창작수필문인회 회장 역임. 고문
· 고려대학교 평생교육원 수필창작 지도교수
· 한국여성단체협의회 법규위원장, 출판공모위원장 역임
· 한국여성정치문화연구소 이사
· 은평문화원 이사, 은평문화재단 이사(전)
· 국제여성교류협회 이사, 교육프로그램위원장,
· 21세기여성정치연합 부회장
· 수필문학상, GS문학상, 크리스천문학상, 연암문학상,
원종린문학상, 사임당문학상, 은평문학상 수상,
올해의 수필인상, 아리수문학상, 대통령 표창(1983), 국민포장(2014)
· 저서(수필집)『바퀴달린 도시』,『느린기차를 타고 싶다』
『그 해 여름의 자두』,『천년을 웃고 사는 여인』(선집)
『그렇게는 말 못해』,『아름다운 간격』(공저)
『토기장이와 질그릇』,『신원확인』,『밤에 열린 광화문』
『그때는 왜』,『아버지의 꿈』『기다리고 있었나』
『계단 좀 내다 버려』 외

그 천사가 내게 왔다면

오경자 기독교수필집

2024년 6월 20일 초판 인쇄
2024년 6월 25일 초판 발행

지은이 / 오경자
발행인 / 강병욱

발행처 / 도서출판 교음사
편집 / 수필문학사 편집부

03147 서울 종로구 삼일대로 457 수운회관 1308호
Tel (02) 737-7081, 739-7879(Fax)
e-mail : gyoeum@daum.net
등록 / 제2007-000052호

* 잘못된 책은 바꿔 드립니다. 값 13,000원

ISBN 978-89-7814-989-1